无公益，不长江

CASES OF
CKGSB
PHILANTHROPY

长江商学院公益案例集2020

顾问： 项兵教授　梅建平教授　甘洁教授
主编： 杨晓燕　王哲　闫雯

新 华 出 版 社

图书在版编目（CIP）数据

无公益，不长江：长江商学院公益案例集．2020 / 杨晓燕，王哲，闫雯主编．— 北京：新华出版社，2020.6

ISBN 978-7-5166-5153-7

Ⅰ．①无… Ⅱ．①杨… ②王… ③闫… Ⅲ．①慈善事业－案例－中国 Ⅳ．① D632.1

中国版本图书馆 CIP 数据核字（2020）第 089214 号

无公益，不长江：长江商学院公益案例集．2020

主　　编：杨晓燕　王　哲　闫　雯

责任编辑：蒋小云　　封面设计：刘　伟

出版发行：新华出版社

地　　址：北京石景山区京原路 8 号　　邮编：100040

网　　址：http://www.xinhuapub.com

经　　销：新华书店

购书热线：010－63077122　　中国新闻书店购书热线：010－63072012

照　　排：黄双双

印　　刷：河北盛世彩捷印刷有限公司

成品尺寸：210mm×145mm

印　　张：8.75　　字　　数：185 千字

版　　次：2020 年 6 月第一版　　印　　次：2020 年 6 月第一次印刷

书　　号：ISBN 978-7-5166-5153-7

定　　价：68.00 元

2008年汶川地震，长江学员和员工通过各种渠道和各种形式捐款4.3亿，占中国企业捐款7%；2013年雅安地震，长江校友和员工捐赠逾2亿。

2009年，中国红基会长江公益基金成立，迄今为止募款超过6千万元，执行了扶贫、教育、环保等一系列公益项目。

2010年，长江商学院联合共青团中央启动长江红领巾书屋项目，在全国欠发达地区捐建书屋745个，受益儿童26万余人。

长江公益委员会于2013年4月成立，是长江公益的决策组织，帮助长江校友提升公益能力，推动社会创新与发展。

自2014年起，长江商学院首创校友公益课程，图为校友冯仑和长江同学分享公益机构如何提升效率。

长江EMBA学员入学公益第一课，通过私董会的模式为公益组织能力建设和项目发展提供解决方案。

为了更好地激励长江校友参与公益，首届长江公益奖于2014年启动，共创长江校友公益文化。

第二届长江公益奖颁奖典礼暨TEDxBeijing公益创新沙龙在北京举行。

第三届长江公益奖颁奖典礼暨公益论坛在北京举行。

第四届长江公益奖颁奖典礼在深圳举行。

第五届长江公益奖颁奖典礼在北京举行。

长江商学院EMBA、金融MBA、MBA、企业家学者项目等课程项目全面推出公益奖学金，至今，长江商学院已为数十位公益界领袖发放公益奖学金。

长江商学院自2013年起，每年持续发布长江公益年度报告，分享学院和校友的公益理念和实践经验。

2017年11月，长江教育发展基金会正式启动。

长江商学院荣获中国2017年企业社会责任奖“思想领袖”荣誉称号。

在国家民政部《公益时报》社主办的“2019中国公益年会”上，长江商学院荣获“2019年度中国公益企业”，阎爱民教授荣获“2019年度中国公益人物”，李伟教授荣获“2019年度中国公益人物”。这是“年度公益企业”和“年度公益人物”两项年度公益大奖第三年花落长江。

在2019年中国企业社会责任奖的评选中，长江商学院共获得员工敬业奖、女性影响力奖和脱贫致富奖等三个奖项提名，最终以井冈山扶贫项目赢得了脱贫致富奖。

2019年10月，长江商学院推出首个“社会创新与商业向善”主题海外课程，近40位同学共同问道伦敦，理解“商业向善”，通过企业的力量推动全球社会创新。

2019年，长江商学院成立长江公益101咨询社。30余位公益界校友担任咨询顾问，6大定制公益主题，为长江校友提供公益志愿咨询服务。

2019年3月，长江商学院响应党和政府精准扶贫、打赢脱贫攻坚战号召，捐建江西遂川盆珠村“关爱老人儿童活动中心”，推进教育扶贫+产业扶贫+健康扶贫三位一体的精准扶贫模式探索。

长江商学院推出公益平台项目，实现优质公益资源与社会需求的有效对接，推进社会问题的解决。

自2018年开始，长江商学院每年策划出版一部《无公益，不长江》，系统介绍长江人的公益创新行动与企业家精神，探讨社会问题的解决方案。

岂曰无衣，与子同袍

新冠肺炎疫情暴发后，长江商学院第一时间发出倡议并成立学院疫情防控指挥小组，呼吁各校友组织、班级和校友企业为抗击疫情贡献力量。在长江商学院湖北校友会会长阎志和秘书长苏毅的带领下，湖北校友会志愿者团队第一时间投身到了抗击疫情的公益行动中。

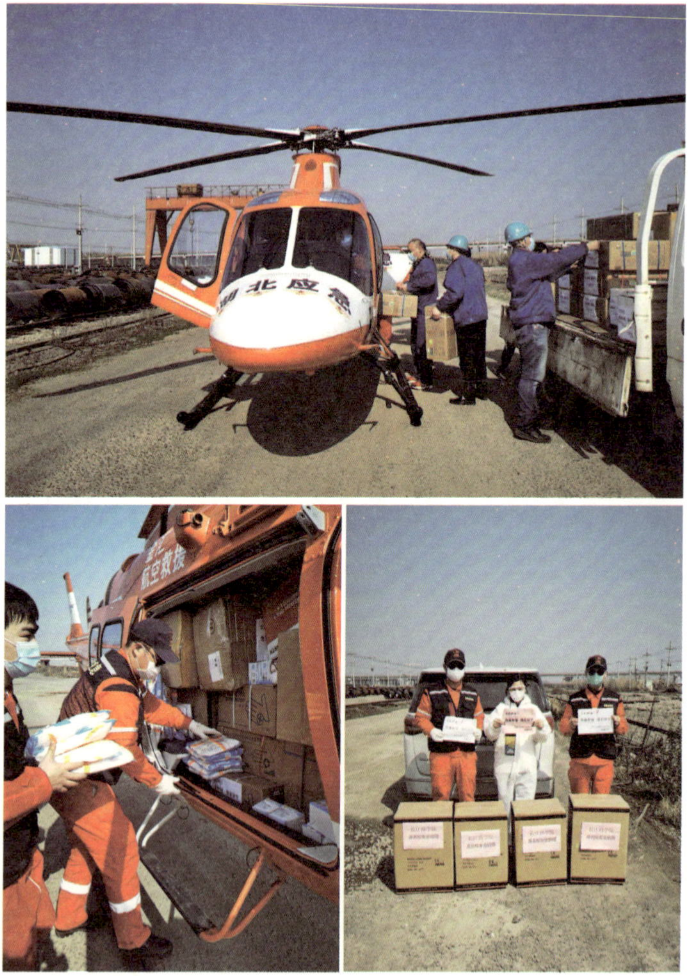

图为湖北校友会志愿者团队启用应急直升机向湖北省监利县运送救援物资。

2020年1月30日，卓尔长江应急医院紧急挂牌成立，这是疫情期间国内首家社会公益组织联合专业医疗机构设立的慈善应急性防疫医院。

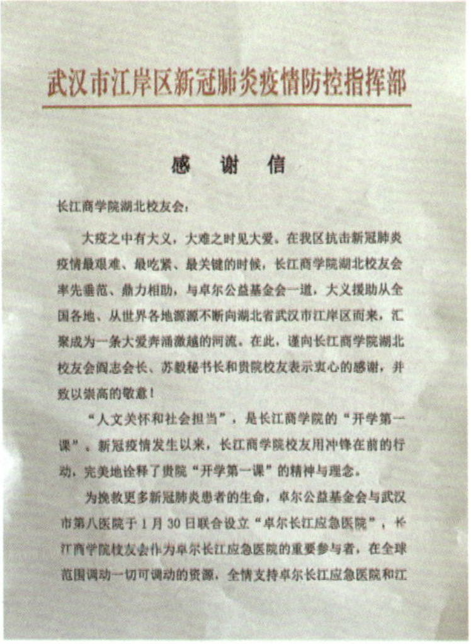

武汉市江岸区新冠肺炎疫情防控指挥部

感 谢 信

长江商学院湖北校友会：

大疫之中有大义，大难之时见大爱。在我区抗击新冠肺炎疫情最艰难、最吃紧、最关键的时候，长江商学院湖北校友会率先垂范、鼎力相助，与卓尔公益基金会一道，大义援助从全国各地、从世界各地源源不断向湖北省武汉市江岸区而来，汇聚成为一条大爱奔涌激越的河流。在此，谨向长江商学院湖北校友会阎志会长、苏毅秘书长和贵院校友表示衷心的感谢，并致以崇高的敬意！

“人文关怀和社会担当”，是长江商学院的“开学第一课”。新冠疫情发生以来，长江商学院校友用冲锋在前的行动，完美地诠释了贵院“开学第一课”的精神与理念。

为挽救更多新冠肺炎患者的生命，卓尔公益基金会与武汉市第八医院于1月30日联合设立“卓尔长江应急医院”，长江商学院校友会作为卓尔长江应急医院的重要参与者，在全球范围调动一切可调动的资源，全情支持卓尔长江应急医院和江

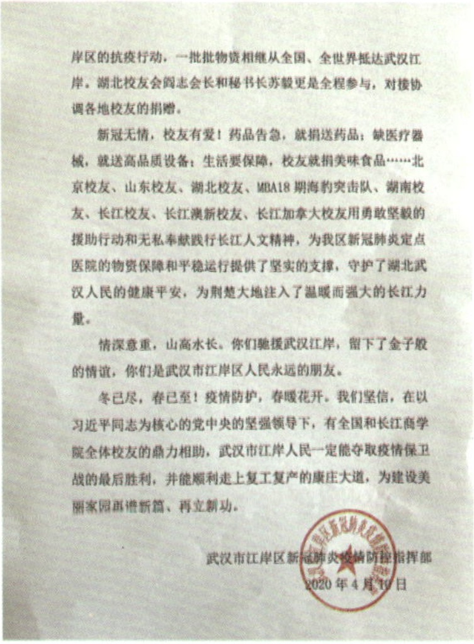

岸区的抗疫行动，一批批物资相继从全国、全世界抵达武汉江岸。湖北校友会阎志会长和秘书长苏毅更是全程参与，对接协调各地校友的捐赠。

新冠无情，校友有爱！药品告急，就捐送药品；缺医疗器械，就送高品质设备；生活要保障，校友就捐美味食品……北京校友、山东校友、湖北校友、MBA18期海豹突击队、湖南校友、长江校友、长江澳新校友、长江加拿大校友用勇敢坚毅的援助行动和无私奉献践行长江人文精神，为我区新冠肺炎定点医院的物资保障和平稳运行提供了坚实的支撑，守护了湖北武汉人民的健康平安，为荆楚大地注入了温暖而强大的长江力量。

情深意重，山高水长。你们驰援武汉江岸，留下了金子般的情谊，你们是武汉市江岸区人民永远的朋友。

冬已尽，春已至！疫情防护，春暖花开。我们坚信，在以习近平同志为核心的党中央的坚强领导下，有全国和长江商学院全体校友的鼎力相助，武汉市江岸人民一定能夺取疫情保卫战的最后胜利，并能顺利走上复工复产的康庄大道，为建设美丽家园再谱新篇、再立新功。

武汉市江岸区新冠肺炎疫情防控指挥部

2020年4月10日

图为武汉市江岸区新冠肺炎疫情防控指挥部致长江商学院湖北校友会的感谢函。

山川异域，风月同天

新冠肺炎疫情在中国蔓延时，海外长江校友积极发起驰援国内同胞的行动；疫情进入全球大流行阶段，国内外长江校友也积极投身到驰援海外疫情的行动中。

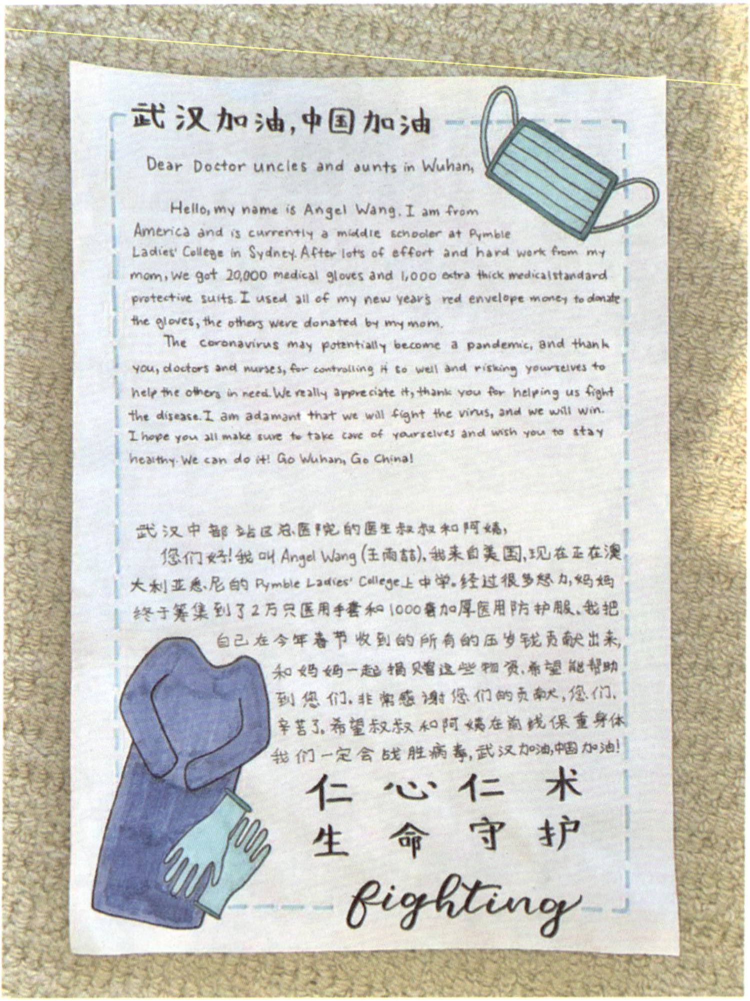

武汉加油，中国加油

Dear Doctor uncles and aunts in Wuhan,

Hello, my name is Angel Wang. I am from America and is currently a middle schooler at Pymble Ladies' College in Sydney. After lot's of effort and hard work from my mom, we got 20,000 medical gloves and 1,000 extra thick medicalstandard protective suits. I used all of my new year's red envelope money to donate the gloves, the others were donated by my mom.

The coronavirus may potentially become a pandemic, and thank you, doctors and nurses, for controlling it so well and risking yourselves to help the others in need. We really appreciate it, thank you for helping us fight the disease. I am adamant that we will fight the virus, and we will win. I hope you all make sure to take care of yourselves and wish you to stay healthy. We can do it! Go Wuhan, Go China!

武汉中部站区总医院的医生叔叔和阿姨，

您们好！我叫Angel Wang（王雨喆），我来自美国，现在正在澳大利亚悉尼的Pymble Ladies' College上中学。经过很多努力，妈妈终于筹集到了2万只医用手套和1000套加厚医用防护服。我把自己在今年春节收到的所有的压岁钱贡献出来，和妈妈一起捐赠这些物资，希望能帮助到您们。非常感谢您们的贡献，您们辛苦了。希望叔叔和阿姨在前线保重身体我们一定会战胜病毒，武汉加油，中国加油！

仁心仁术
生命守护
fighting

图为长江商学院张晓萌教授的女儿Angel写给抗疫一线工作人员的中英双语书信。

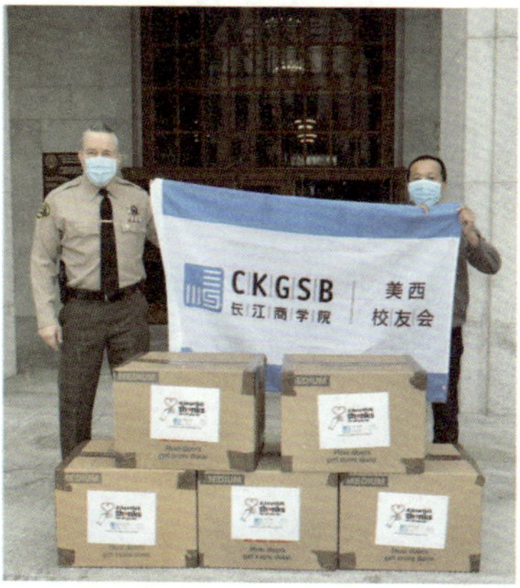

图为长江商学院美西校友会向美国当地医疗机构捐赠抗疫物资。

图为长江商学院EMBA31期校友吴娟（中）在美国为国内疫区募集医疗物资。

图为长江商学院澳新校友会捐往国内的部分抗疫物资。

图为长江商学院长江入海队向日本、意大利、美国捐赠的部分抗疫物资。

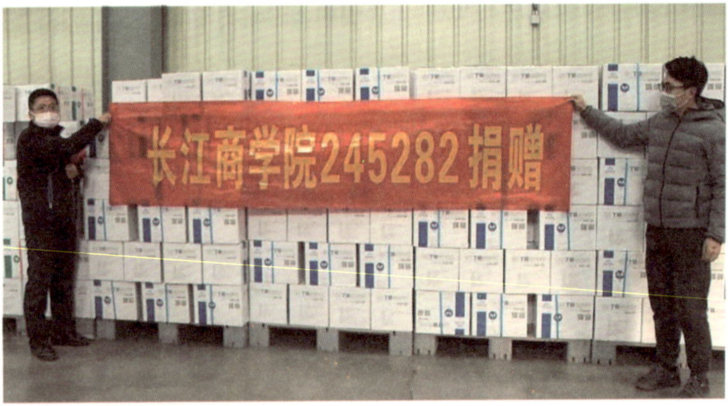

长江速度，火线驰援。2020年1月24日，长江商学院EMBA24期5班校友和EMBA28期2班校友组建的“245282”公益团队，在护目镜告急的情况下，仅用三天时间募集到2万余只护目镜火速驰援湖北，这也是首批抵达湖北疫区的护目镜救援物资。

科技战疫，点亮方舱。2020年2月，武汉各大方舱医院投入使用。为解决方舱医院供电紧张的难题，长江商学院智造创业MBA二期班校友王雷捐赠出1004台移动储能设备，为武昌方舱医院和洪山区方舱医院送去了光和热。

躬身入局，未来可期

新冠肺炎疫情暴发以来，长江校友组织、班级和校友们纷纷发挥能动性，以不同方式参与抗疫。

图为长江商学院金融MBA 2017级上海班校友发起“除夕行动”，从海外采购2万余只N95口罩驰援湖北，这次行动也打响了长江人抗击疫情的第一枪。

图为长江商学院EMBA11期校友组建的“长江抗击疫情精准捐赠工作组”向武汉亚心总医院捐赠的抗疫物资。

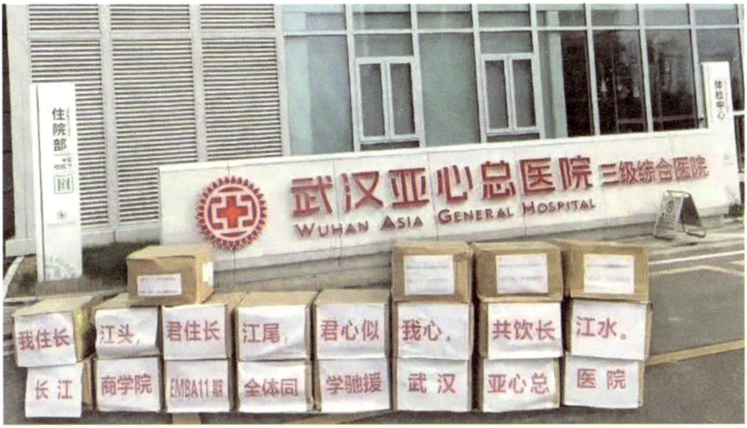

在这次抗击疫情的行动中，长江商学院EMBA32期校友苗世明创办的公益机构“WABC无障碍艺途”，也涌现了许多由脑瘫、智力障碍、自闭症等特殊儿童群体创作的抗疫画作。

作者：承承

作品名称：《火神山雷神山》

作者：捷麟

作品名称：《爱在方舱》

作者：邝炜文

作品名称：《祈愿明灯》

作者：小龙

作品名称：《健康守护者——李文亮》

作者：小龙

作品名称：《众志成城》

作者：小伟

作品名称：《中国加油》

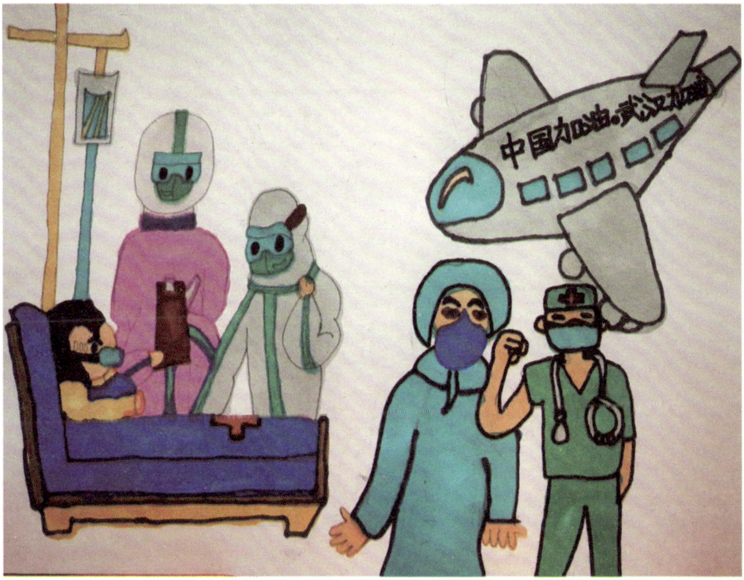

长江商学院EMBA31期3班校友利用自身优势与资源，帮助困苦的尘肺病农民兄弟，在助力精准扶贫的事业中持续发挥力量，重新点亮成百上千个尘肺家庭的希望。图为长江商学院EMBA31期3班同学们前往河南省卢氏县探访尘肺病农民。

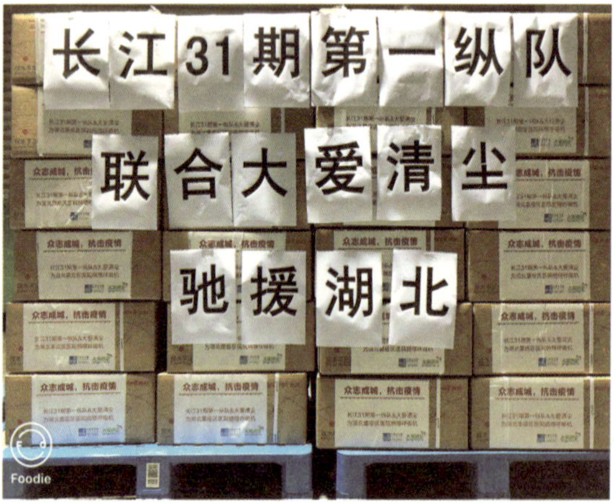

2020年新冠肺炎疫情暴发后，长江商学院EMBA31期第一纵队学员联合大爱清尘向湖北医院捐赠呼吸机。

长江商学院广东校友会发起护曦行动公益项目，专门用于救助广东省内患“新生儿肺透明膜病”且无后遗症、却因家庭贫困或父母缺乏医疗常识而放弃救助的早产儿。该公益项目从设计到执行都以商业理念作为指导，用资源整合与创新的方式，达到投入产出最大化。

长江商学院金融MBA2017级北京班公益委员彭艳蛟校友与刺绣作品《火烈鸟》、《树叶》、《玉兰》合影，这些绣品均出自无锡的聋哑人绣师之手。

为了缓解贵州毕节安乐溪乡的村民出行及孩子上学困难，长江商学院总裁16期同学在这里捐建了8座便民桥。2019年6月，8座便民桥全部修建成功。

长江励志助学公益项目由长江商学院EMBA28期部分学员发起，采取“资助＋培养”的模式，帮助品学兼优、有梦想敢担当的贫困学子顺利进入大学。

序言

2020年新年伊始，新冠疫情来袭，对武汉、中国乃至全球人民的生命安全、经济和社会发展带来了巨大挑战。虽然疫情让我们相互隔离，但也将全人类的命运紧密相连。在这场抗击疫情的艰苦战役中，政府、企业和社会各界的力量同舟共济，共克时艰。

在疫情发生的第一时间，长江商学院发出倡议并成立学院疫情防控指挥小组，长江各校友组织、班级和校友企业搭建起抗疫网络，积极调动全球校友资源抗击疫情。截至3月10日不完全统计，长江商学院各校友组织、班级已向疫区（包含但不限于湖北）累计捐赠资金和物资超过1900万元，长江校友企业捐赠资金和物资逾40亿元。当疫情持续在全球蔓延，长江商学院各校友组织、班级和校友企业持续进行海外援助，向需要帮助的他国人民贡献长江人的一分力量。在抗疫过程中，每一位长江校友都在身体力行地践行着“无公益，不长江”的理念。

疫情之外，放眼全球。全球面临日益加剧的收入与财富不均、社会流动性下降与阶层固化、可持续发展三大挑战，政府、企业和非营利组织需要更加紧密地通力合作，协作创新，通过科技、商业和社会创新推动经济发展和社会进步。作为管理教育的先行者、引领者和探索者，长江商学院的公益发展也经历了从1.0自发公益到2.0项目公益及3.0平台公益，而今，正式迈入了4.0阶段，为全球培养重视社会创新的经济新生代颠覆力量，应对全球面临的共同挑战。18年来，长江在商学院公益教学与实践方面进行了一系列探索与创新。长江校友也在践行公益的道路上知行合一，真正做了一些有益于社会的事情。

在知识传播方面，自2014年起，长江首创商学院公益课程，为每届新生开设“公益第一课”，提升企业家学员参与公益的意识与能力；2018年起，社会创新课程成为长江商学院所有学位课程的必修课。2019年，长江推出“社会创新与商业向善”主题海外课程，学习企业如何实现经济价值与社会价值共赢，通过企业的力量推动全球社会创新。为了更好地搭建企业和非营利组织合作的平台，长江商学院所有学位课程全面推出了公益奖学金。迄今，已有数十位中国公益界领袖入读长江，与企业家一道，跨界协作，共同创新。

为了推动企业家践行公益，长江于2010年在全球范围内率先推出公益学时制度，所有EMBA学员必须完成48小时公益学时才能毕业。2017年，长江MBA和金融MBA等课程项目也实施了公益学时制度。自2014年起，长江商学院连续6年发起“长江公益奖”评选，每年推出“长江公益案例集”，倡导和推动长江校园公益文化建设。在公益创新方面，长江商学院倡导校友用商业智慧做公益，助力国家精准扶贫，帮助贫困地区人民赋能，推动经济、环境、社会可持续发展。

面向未来，我们希望，长江商学院培养的新一代商界领袖具备三个核心精神：第一，全球视野、全球责任、全球担当；第二，人文关怀与社会责任；第三，创新精神。长江的校友在做公益的过程中不仅投入财力，更重要的是投入时间、精力，把商业领域的管理经验和专业技能运用到公益项目当中，创造性地解决社会问题；在考虑商业决策的同时，考虑人类的长远利益；从而由富足的生活走向丰盈的人生，为中国和全球经济、社会、环境的可持续发展和包容性增长贡献力量，为全球问题持续贡献中国的解决方案和智慧。

项兵 博士

长江商学院创办院长、中国商业与全球化教授

CKGSB
长江商学院

导言

谁都不是一座岛屿，自成一体；
每个人都是欧洲大陆的一小块，本土的一部分；
如果一块泥巴被海浪冲掉，欧洲就小了一点；
任何人的死亡使我有所缺损，因为我与人类难解难分……

约翰·多恩的这首诗恰如其分地表达了处于新冠疫情中的我们每一个个体的心声。面对疫情，每个社会和每个个体都无法独善其身，虽然疫情让我们相互隔离，但也将全人类的命运紧密相连，没有人是一座孤岛。

截至2020年4月21日，全球新冠肺炎累计确诊病例达2,473,209例；死亡170,042例。世界卫生组织曾发文：“我们必须记住，这些是人，不是数字。”在这一个个冰冷的数字背后，曾经是一个个鲜活的生命。我们为在疫情中失去生命和健康的人们惋惜，也为在灾难中绽放人性光辉的人们而感动。年过花甲却第一时间赶火车奔赴疫区的钟南山院士；身患渐冻症仍奋战在第一线的金银潭医院院长张定宇；前往武汉运送抗疫物资不幸殉职的蓝天救援队机动队队长许鹏；创造了火神山、雷神山建设奇迹的施工人员；身体力行参与抗疫行动的所有出租车司机、外卖小哥；正是每一个个体微光的汇集，才点亮了这条崎岖的抗疫之路。让我们倍感自豪的是，在这条抗疫路上，我们也看到了一个个长江人坚定的身影。

1月25日，疫情发生的第一时间，长江商学院发出倡议并成立学院疫情防控指挥小组，呼吁各校友组织、班级和校友企业搭建起抗疫网络，积极调动全球校友资源，为抗击疫情贡献力量。

长江金融MBA同学们于除夕当晚发起的“除夕行动”，从美国采购医用口罩，打响了长江人抗疫的第一炮；

长江湖北校友会会长、卓尔基金会发起人阎志用仅仅10天时间，建立起7家应急医院，收治患者3351人；

长江湖北校友会秘书长苏毅连续两个多月每天从早8点到凌晨1点，与湖北校友志愿者们全球采购和分发超过900万元的医疗物资；

长江EMBA24期与28期发起“长江人在行动”，争分夺秒送出了被总理“点名表扬”的第一批抵达湖北的护目镜；

长江智造创业MBA校友王雷将公司的移动电源倾囊捐出，为武汉方舱医院提供电力保障；

长江EMBA31期与校友机构大爱清尘携手，第一时间为湖北医院提供200余台呼吸机，并向美国多家医院捐助医疗物资；

长江澳新校友会从海外采购1万余套防护服，第一时间运往武汉；

长江美西校友会向加州捐赠35万美元的医用口罩等医疗物资，打满抗疫全场。

太多的爱心善举，无法一一道来。回溯这些公益行动，高效、透明、创新是所有项目的共性，而这背后，是每一位长江人融入血液的公益文化和社会创新精神。这场疫情成为连接所有长江人的最大公约数，使长江人相互启发，共生协作。点滴积累之中，推动企业家个体及其企业在向善的方向发生改变。

在疫情过程中，我们每个人也在不断地反思人与自然的关系、全球化、人类命运共同体、经济与社会发展的方向等很多平时无暇思考的命题。

现代文明发展往往将自然视为改造利用的对象，对自然界缺乏敬畏之心，而新冠病毒的出现，对人与自然的关系实施了一种无差别的冲击。这个时候，也许我们可以再翻出道德经，仔细品味道法自然背后的哲理，思考人类与自然如何能够更加和谐的相处。

由于国情、政治体制、经济、文化的差异，以民族国家为单位的疫情防控方式与效果不尽相同。然而病毒超越国界，事实上，疫情和由此产生的经济危机都是全球性问题。无论是疫苗的研发、经验的分享、医疗物资的生产和分配，还是对脆弱国家的援助，唯有全球合作才能有效解决这场全人类面临的挑战。如同联合国可持续发展目标提到的，唯有全球各国共同努力，才可能实现全球范围内的经济、环境、社会可持续发展。

面对疫情，很多社会问题纷纷浮现，政府、企业、社会组织和个人都在以其擅长的方式来推动社会的创新。作为一家商学院，我们非常关注企业在抗疫中的表现。我们看到无论大、中、小、微企业都不约而同地在抗疫过程中展示出了利他、共益的精神。截至4月，中国4061家企业共捐赠351.4亿元，长江校友企业捐赠逾40亿元。在捐款捐物的同时，企业将其业务与疫情所引起的诸多社会问题进行对标，创新、高效、智慧、规模化地解决社会问题。这一趋势与去年8月贝佐斯、提姆库克等181位美国顶级公司CEO共同签署的“公司宗旨宣言书”的主题不谋而合，即公司的首要任务是创建一个更美好的社会，而不再是股东利益最大化。

《无公益，不长江：长江商学院公益案例集2020》是长江商学院自2018年起出版的第三本案例集。记录历史的片段、人性的温暖、向善的力量，是我们出版这本案例集的初衷。在这本书中，我们将看到长江校友企业家们在抗疫过程中的坚持与困惑、经验与挑战，以及他们身上所展现出的永远乐观、持续创新、高效执行的企业家精神。

除了记录长江校友的抗疫故事，这本案例集也记录了获得长江公益奖的优质公益项目案例，涵盖医疗、扶贫、教育和社会企业等领域，所有公益项目都试图通过创新的理念和企业家精神，提升公益的效率和可持续性，为受益人赋能，推动改变的发生。

在本书即将出版之际，我们深深地感谢每一位长江人的公益情怀与付出。此生无悔人长江，有爱的长江之所以奔流不息，正是因为校友们用团结又开放的态度，把公益的触角伸展到了力所能及的每个角落，最终蓄起了庞大的势能。

感谢过去5年，495个提交长江公益人物和项目申请的校友，以及为这些人物和项目投出119万票的校友和社会各界人士。

感谢项兵院长、梅建平教授、甘洁教授、阎爱民教授和朱睿教授在内的所有长江教授，言传身教推动长江公益文化，启迪校友们从富足的生活走向丰盈的人生。

感谢长江公益委员会和长江各校友组织和班级公益委员们，帮助长江的公益理念生根发芽，开出美丽的花。

感谢50个校友组织不断传承创新，使公益成为每一位同学的学习和生活方式，使公益成为长江文化的精神基石。

感谢透过这本书，我们有幸与每一位读者相遇，让我们一起，此身、此时、此地，向善而行。

杨晓燕　王哲　闫雯

目录

战疫篇

2019年度公益项目篇

战疫篇

CASES OF
CKGSB
PHILANTHROPY

无公益，不长江

前言

2020年，突然暴发的新冠肺炎疫情

威胁着全世界人民的健康和生命

也让全球陷入前所未有的危机之中

苍生有难，我辈当慷慨前行

在长江商学院的倡议和组织下

海内外长江校友迅速集结起来

投身到全球战疫的时代洪流中

截至2020年3月10日

长江商学院各校友组织、班级

已向疫区捐赠资金及物资超过1900万元

长江商学院校友企业

捐赠资金及物资逾40亿元

在疫情蔓延的危急时刻

长江校友和社会各界爱心力量一起

凝筑起一道道阻击病毒的坚固防线

托举起一叶叶救助患者的生命方舟

行道义，勇担当

同风雨，共患难

长江人当如是，中国企业家当如是！

岂曰无衣，与子同袍

——这一刻，长江在湖北汇聚

武汉，封城之日的逆行者

“刚刚，武汉封城！”

2020年1月23日，在钟南山院士发出“新型冠状病毒确定会人传人”的哨响后的第三天，位于疫情风暴眼的武汉率先下达了“封城”指令。

全市公交、地铁、轮渡、长途客车停运；机场、火车站离汉通道关闭——对素有“九省通衢”之称的枢纽重地武汉而言，这一举措堪称史无前例。

彼时，没有人知道疫情会持续多久，也没有人知道武汉会封锁多久。

离开武汉，或许是很多人的本能选择。但更多人选择了留下来，甚至有人特地从外地赶回武汉。

封城前夕，苏毅（长江商学院EMBA24期校友，长江商学院湖北校友会秘书长，湖北孝顺文化教育咨询公司董事长）就踏上了返汉之路。

今年春节，他原本计划去新加坡旅行，早早就订好了除夕启程的机票。1月20日，新冠肺炎疫情暴发之时，苏毅正在湖北仙桃出差；23日一大早，得知武汉即将“封城”的消息后，他无暇多想，立刻驱车就往武汉赶。

“我的父亲还在武汉，他74岁了，我不能就这样把他丢下。”

长江商学院EMBA24期校友，长江商学院湖北校友会秘书长，湖北孝顺文化教育咨询公司董事长苏毅

割舍不断的亲情是苏毅回家的最初动力。武汉之于苏毅，是生于斯长于斯的故乡。但是这一次，行驶在回家路上，沿途熟悉的风景陡然让他觉得陌生起来：高速路上，出城方向的车辆川流不息，进城方向的车辆则寥寥无几；进入市内，前几天还张灯结彩、满溢着过年气氛的街道，一夜间变得空空荡荡，目之所及的几个行人都戴着口罩、低头疾行……空气中弥漫着的紧张气氛，也让苏毅感到一

阵阵恐慌，尤其在路经华南海鲜市场时，他下意识踩大了油门，想快点驶离这里……

“这一次，我们将走向何方？”一阵迷惘笼上苏毅心头。疫情暴发之初，这也是笼罩在所有武汉人乃至全国人心头的迷惘。

抵达武汉后，苏毅前往公司安排了一下工作，取回事先委托同事帮自己买的一些口罩和消毒酒精，就匆忙回到了家里。

大年二十九，就这样在奔波和担忧中度过。此时的苏毅，最大的心愿就是保护好自己和家人，平安度过这次疫情。深陷漩涡中心，他还来不及意识到，自己的能量远不止于此……

被打爆的电话，如潮水涌来的爱心

2020年1月24日，大概是许多中国人度过的最特殊的一个除夕。

这天，苏毅无心关注春晚和年夜饭，在家里一刻不停刷着关于疫情的新闻——

“发烧咳嗽不是新冠肺炎的唯一首发症状！”

“武汉出现发热门诊排长队、床位紧张的现象！”

“只能撑三五天！武汉多家医院防护物资告急！”

“坏消息”很多，令人揪心的、焦灼的、恐慌的……让苏毅越来越清晰感知到这次疫情可能远比自己想象中更严重。

但在铺天盖地的“坏消息”中，苏毅依然捕捉到了令人感动的正能量——

“武汉版小汤山医院开建，6天内将建成！”

“英雄出征！全国多支医疗队紧急驰援湖北！”

尤其是在朋友圈看到的这条信息，令他整个人瞬间振奋了起来——

“长江商学院金融MBA2017级上海班正通过纽交所上市公司从海外组织调配2万只N95口罩紧急运往国内，并计划以长江商学院的名义无偿捐赠给湖北省中医医院等武汉市抗击疫情一线卫生单位！”

“政府、医务工作人员、志愿者、社会爱心人士都在行动了！还有我熟识的长江校友，身在外地却已经开始支援湖北了！”苏毅心想，“我呢？作为长江商学院湖北校友会秘书长，我能做的事应该更多！”

是的！与其抱怨身处黑暗，不如提灯奋力前行。

一念及此，苏毅立刻打通了长江商学院湖北校友会会长阎志的电话：“阎会长，我想在校友中发起一次募捐，为抗疫一线募集当下最紧缺的医疗物资，您觉得怎么样？”

电话另一头，阎志会长的回复斩钉截铁：“全力支持！我们马上就做！”

于是，除夕夜里10点多，苏毅联合EMBA24期和湖北校友会的校友们，在朋友圈和长江校友微信群里发出了公益募捐倡议——

亲爱的长江同学，值此新年到来之际，恭祝您新年快乐，鼠年大吉。

此次湖北疫情十分严重，关乎成千上万家庭的安危，性命攸关，武汉告急，湖北告急！！！

让我们一起为湖北做些力所能及的事，目前，急需采购相关医疗用品运往疫区：N95口罩、医用酒精、防毒面罩等，恳请大家帮忙提供货源信息，出钱出力，万分感谢！

上一秒，倡议刚发出去，下一秒，苏毅的电话就被打爆了。

长江商学院创办院长项兵，负责校友事务的副院长梅建平、甘洁教授，助理院长杨晓燕老师，校友事务部主任王哲老师，负责长江公益事务的闫雯老师，对接湖北校友会的黄海斌老师，还有国内的和国外的、认识的和不认识的长江校友，都纷纷打电话或发信息来关心苏毅，并积极出谋划策，商议如何行动来帮助湖北渡过这次难关。

“我当时就感到整个人特别温暖。因为，这也是我人生中第一次遇到这么紧急、这么沉重、这么危急的大事件，但是有很多人在关心我、支持我、帮助我，我就觉得不孤单。”焦虑了好几天的苏毅，一下子就被点燃了。

1月25日，长江商学院发出倡议并成立学院疫情防控指挥小组，长江各校友组织、班级和校友企业搭建起抗疫网络，积极调动全球校友资源抗击疫情，向相关医院输送抗击疫情相关的医疗设备、试剂、药品、防护设备、消洗设备、耗材等，助力武汉共渡难关。

同一时间，长江校友开始接力进行捐款。

苏毅清晰地记得，第一个打来电话主动捐款的，是EMBA15期校友、绝味食品股份有限公司董事长戴文军，他以个人名义一下子捐了10万。接着，更多的爱心捐款如潮水一般涌了进来，其中包括各地校友会的捐赠、班级的联合捐赠、校友和老师们的个人捐赠以及校友代购物资的捐赠，等等。

从1月24日到3月10日，长江商学院湖北校友会累计收到各地长江校友及校友组织现金捐赠9,379,237.75元。这笔善款被第一时间用于采购各类抗疫物资，并以100%的执行率配送至武汉、黄冈、鄂州、随州、荆州等湖北各大城市的抗疫一线阵地！

但这些并不是爱心的全部，在捐赠善款的同时，长江校友们还在千方百计调动自己的一切资源，向湖北疫区运送救援物资。

医院消毒器械物资紧缺，EMBA16期校友刘松伶捐来了30套价值200万元的美国全进口防疫级空气净化消毒器，EMBA18期海豹突击队校友捐赠了20台医用空气消毒机，EMBA25期校友赵焕兴捐赠了600台紫外线可悬挂消毒器，江苏常州校友捐赠了300套紫外线消毒灯，上海校友会高尔夫球队的校友们更是亲自驱车，运来了30吨医用消毒酒精……

时值隆冬，考虑到医护人员和社区工作者需要在户外和没有暖气的环境下长时间工作，EMBA30期校友程伊文捐来了418件冲锋衣，EMBA8期校友顾逸群则运来了1000件羽绒服……

尤其在看到很多医生护士因工作繁重、交通不便等原因，无法按时吃上有营养、热腾腾的饭菜，甚至连年夜饭都只是一桶泡面时，相关行业的长江校友们更是毫无保留地捐出了所有库存：EMBA30期校友、“周黑鸭”品牌创始人周鹏将新鲜鸭货全部打包装盒，免费送至湖北各大医院；长江商学院北京校友会荣誉会长、银泰集团创始人兼董事长沈国军为抗疫一线医生送来了2万份营养丰富、膳食均衡的如氧营养餐；还有CEO12期校友、四川香天下集团董事长朱星全，大年初一连夜调集了10万份自热火锅，自发组织车辆从成都一路送到武汉；更有校友从外地连夜运来15吨新鲜蔬菜……

在疫情最严重、物资最紧缺的那段时光，长江校友和全社会千千万万的爱心人士一起，用爱筑成了一道道抵挡病毒的坚固防线。

当天空黑暗到一定程度，星辰就会熠熠生辉。在武汉的“至暗时刻”，苏毅却看到了前所未见的希望之光；在足不出户的日子里，苏毅却看到善意正在城市的每个角落生长。这让他无比坚信：爱和希望，一定会比病毒蔓延得更快！

奔走在疫区的“长江摆渡人”

然而，有了资金，有了物资，并不等于问题就能全部得到解决，摆在苏毅和湖北校友们面前的难题还有很多——

大疫之下，全球防护物资都很紧缺，如何在最短的时间内采买到防疫物资，并保证它们都是符合医用标准的？

疫情暴发后，湖北地区实施严格的交通管控措施，针对从外地采买的物资和外地校友直接捐赠的物资，如何实现“最后一公里”的配送，在最短时间内送抵最需要的地方？

以及，如何及时、公开、透明地做好善款和物资用途的披露，才能不辜负校友们的信任？

为了应对这些问题，早在除夕夜，长江商学院校友事务部和湖北校友会就一起组建了一个微信大群，由项兵院长和阎志会长直接沟通，苏毅秘书长和学院老师直接对接。杨晓燕、王哲、闫雯、黄海斌等老师第一时间提供了长江各班级、各校友组织的募捐信息，资金、物资，都放在同一个群里，形成了一个透明的平台。

也是在除夕当天，苏毅开始牵头组建长江商学院湖北校友会志愿者团队，核心成员从最初的9人发展至20多人，背后还凝聚了一支近200人的服务团队和支持团队。

值得一提的是，志愿者团队的核心成员80%是长江校友，且他们都有多年参与公益的经验，所以，团队从成立之初就摆脱了千头万绪的混乱状态，细分成了采买组、物流组、医用需求组、物资分发组等多个小组，大家分工明确、各司其职、积极沟通，很快就建立起了十分高效的协作模式——

苏毅负责募集感召捐款和物资，购买抗疫物资，统一协调和调度；

EMBA22期校友范晓兰负责海关报关、清关，对接湖北慈善总会，对接各公益基金会物资报关；

EMBA26期校友郭晟负责物资物流配送到各医院、发热点；

卫婧团队负责医院需求信息汇总及医疗物资厂家查询，对接医院需求方；

李涛团队负责最后一公里配送物资到各医院、学校、街道、社区送药送物资、接送出院痊愈人员；

湖北校友会秘书处工作人员姜谦负责统计收到的资金，捐赠的具体明细，与苏毅每天对账并及时更新发布到微信群里；

此外，还有特别成立的物品质量监控小组，邀请了专业的医务工作人员担任医疗物资采购顾问，以避免买到假货或不符合医用标准的物品。

自此，苏毅的志愿者团队打通了一条贯穿“资金募集—物资购买—物流配送—需求对接—物资分发”的完整捐赠通道，也打通了全球1万多名长江校友驰援湖北的物资抵达抗疫一线的通道。

从1月24日志愿者团队成立到3月18日湖北境内新增确诊病例首次清零，湖北校友会志愿者团队每天都在疫区上演真实版“生死时速”——

1月26日上午，苏毅接到武汉市燃气热力集团的求助电话：“承担着全市居民燃气配送、维修任务的700名一线员工，因缺少防护口罩无法上岗工作，恳请支援！”考虑到时值隆冬，无论社区或医院燃气供应都断不能停，尤其是疫情造成的恐慌情绪正在蔓延，倘若民生供应都无法保障，后果将不堪设想，苏毅当即调配了2万只专业防护口罩，紧急援助武汉市燃气热力集团一线员工，并于当天下午4点送达。正是这批口罩，间接保证了整个春节期间武汉市近千万居民的燃气供应，也让许许多多身处医院的患者和医护工作者不致因生活保障问题陷入困境。

1月26日下午，长江商学院EMBA24期和28期校友从浙江紧急采购的2万多只护目镜，经一架顺丰专机运抵武汉，苏毅志愿者团队的物流组队员们已早早在机场等候接应。当时，湖北几乎所有医院都处于护目镜告急状态，这第一批驰援湖北的护目镜，无异于雪中送炭。物流组的10多名志愿者签收物资后，立刻驾驶着6辆私家货运车，快马加鞭送往全市各家医院，一直到当天深夜12点，他们还飞驰在派送物资的路上。

2月22日，苏毅在朋友圈看到荆州市监利县县长发出的求助文章，得知监利县医疗物资告急的状况，紧急申请了一架应急直升机，将一批包括防护服、口罩、手套、消毒用品在内的物资火速运往监利县中医院，从装车到交付完毕仅用了10个小时。监利县中医院和卫生防疫站的医生们，看到满满一飞机的“救命物资”，全都感动得热泪盈眶。

“现在就是战争时期，很多一线战士都在前线冲锋打仗，作为后方补给部队，我们的使命就是不让他们弹尽粮绝。”苏毅说。

作为湖北校友会志愿者团队的物资统筹和总指挥，50多天来，苏毅每天要从早晨8点工作到凌晨1点多，手机一刻不离身，连吃饭的时候都在打电话、发信息，不停调度、协商、组织、反馈、沟通。“我年前刚刚换了新手机，这款手机续航能力很强大，从前起码能用一天半，而现在只用大半天就没电了。”因为长时间工作，苏毅的眼睛已熬得通红，声音也已经沙哑。

但在苏毅看来，自己的忙碌并不算什么：“冒着更大风险、承受着更大心理压力的，是奔波在各大医院派送物资的志愿者们，他们和一线抗疫工作者才是真正的英雄。”为了保护队员们的安全，苏毅自掏腰包给负责物资分发的队员们买了防护服、N95口罩和医用手套，每天叮嘱他们务必做好防护。所幸，直至疫情结束，他们之中无一人感染。

除了支援前线，苏毅也在尽己所能地帮助身边每一个人——

疫情暴发之初，苏毅就在

志愿者苏毅

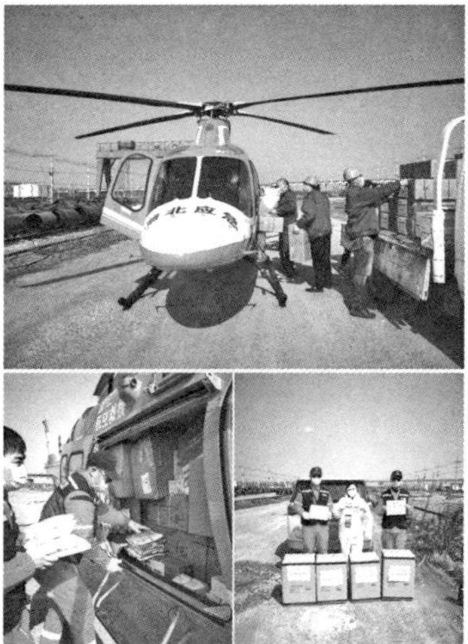

长江商学院湖北校友会调动应急直升机运送救援物资驰援监利县

夜以继日奔波在抗疫一线的“长江摆渡人”

2020年3月，武汉市燃气热力集团为长江商学院湖北校友会送来一面锦旗，言道：疫情无情人有情，大爱捐赠暖人心

想：“如果我和我的父亲被感染了，我该怎么办？如果我去医院，医院没有床位了，我该怎么自救？”于是，他按照新冠肺炎诊疗方案上的指导，委托朋友从外地帮自己购买了一批连花清瘟胶囊、奥司他韦、阿比多尔等药品。不久后，武汉这些药品宣布告急，连医院也一度供应不足。这时，苏毅的一位同学和一位朋友的同事感染上新冠肺炎，短期内住不进院、买不到药，苏毅第一时间给他们送去了药品，解了他们的燃眉之急，后来，他们都渐渐恢复了健康。

时代的一粒沙，落在个人身上就是一座山。“我们这群普通人，虽然只能做一点点微小的事情，却有可能挽救一个人、一家人、一群人的生命。”苏毅如是说。在他看来，这场疫情带给我们的最大启示就是：要更加热爱生命，珍惜生命，敬畏生命。

“湖北首富”的抗疫传奇

在以志愿者身份支援前线的日子里，苏毅和阎志（长江商学院EMBA18期校友，长江商学院湖北校友会会长，卓尔控股有限公司董事长）一直保持着密切的联系。

肩负着长江商学院湖北校友会会长和卓尔控股有限公司董事长职责的阎志，在全力支持湖北校友会志愿者团队工作的同时，还率领他的慈善团队卓尔公益基金会和卓尔智联全球供应链网络、卓尔宇航国际空运物流体系以及华中数控等卓尔旗下上市公司，夜以继日地驰援疫情。

这位连续三年蝉联胡润百富榜“湖北首富”的传奇企业家，同时也是2019福布斯中国慈善榜上排名第37位的慈善家。2020年新冠肺炎疫情暴发以来，阎志和他的企业在抗击疫情中体现出的家国担当，值得每一个人钦佩——

1月23日，武汉封城当天，阎志就捐出了1000万。

但是很快，他就意识到，当下最大的问题不是钱，而是缺少物资。

1月24日，阎志紧急召开高层会议，下达指示：“不论价格，不论数量，有多少要多少，全都买回来！”

此后十余天，卓尔集团组织11架次飞机、5架货运专机，源源不断从海内外采购回近40万只N95口罩、近300万只医用口罩、30万余套防护服、近4万副护目镜、200余台呼吸机和制氧机，第一时间驰援湖北各个城市的抗疫一线。

卓尔集团组织专机采购医疗物资驰援湖北

捐钱捐物，只是一个开始。随着疫情的发展，不断攀升的确诊人数和医院有限的收治能力之间的矛盾越来越突出。此时此刻，多一个床位，也许就能多拯救一个生命！

一床难求之际，阎志和苏毅商议：怎样才能更精准地帮助医院治病救人？他们决定采用一种新的捐助模式——定向捐赠，共建医院！

1月30日，在武汉市江岸区新冠肺炎疫情防控指挥部的支持下，卓尔公益基金会与武汉市第八医院紧急挂牌设立卓尔长江应急医院，通过快速完成病区改造，将这家普通专科医院改造为应急防疫医院，设立床位300个，当天就收治了53名新冠肺炎患者！

卓尔长江应急医院也是疫情期间国内首家社会公益组织联合专业医疗机构设立的慈善应急性防疫医院。武汉第八医院的专业医护人员进驻并承担日常诊疗工作，卓尔公益基金会和长江商学院湖北校友会则全力支持医院的物资后勤保障工作，持续配送供应医疗设备、防护用品、诊治药品等医疗物资及生活用品140,000件。其中，高等级医用防护用品86,463件、医疗设备224件、负氧救护车1台，并为医护人员发放关爱慰问金150万元，为10名贫困患者发放生活救助金10万元，各项捐赠和支持价值超过千万元。

作为长江商学院湖北校友会秘书长的苏毅，担任卓尔长江应急医院的联合执行院长，全程参与、对接、协调各地校友的捐赠保障。他说："卓尔长江应急医院作为第一家最具创新意义的共建医院，特意加上了'长江'二字，代表的就是长江商学院。这是我们长江商学院湖北校友会大量物资直接捐出来的，我们长江校友出了很多的力，最早的时候物资非常紧缺，是拿钱也买不到的。"

因为第一家共建医院取得了很好的效果，阎志又从这个模式出发，快马加鞭继续打造了6家应急医院。尤其在看到黄冈、随州等城市的严峻形势后，他当即决定：应急医院的开设，不限数量，但尽所能！

从2月1日至2月8日，卓尔公益基金会先后联合武汉市汉阳医院、黄冈市中心医院、武汉市黄陂区人民医院、黄冈市罗田县第二人民医院、荆州市监利县人民医院、随州市中心医院设立"卓尔汉江应急医院""卓尔大别山应急医院""卓尔盘龙城应急医院""卓尔罗田应急医院""卓尔荆江应急医院""卓尔随州应急医院"等6所应急医院，累计开放床位4583张！

在援建卓尔应急医院之时，武汉新冠肺炎防控指挥部下达"确诊患者应收尽收"的指令，武汉于2月3日起连夜开建方舱医院。

又是在第一时间，阎志将卓尔旗下武汉国际会展中心、武汉客厅等自有物业捐出来，改造成武展方舱医院、武汉客厅方舱医院、汉口北方舱医院，共提供床位4984张，全力收治新冠肺炎轻症患者。

其中，武展方舱医院是武汉首家投入使用的方舱医院，自2月5日开舱以来，实现了患者零死亡、医护人员零感染、安全生产零事故、进驻人员零投诉、治愈人员零复发“五个零”，是武汉市开舱最早、开放床位最多、累计收治人数最多、累计出院人数最多的方舱医院。

阎志曾说：“只要城市需要，我们义不容辞，不只免费提供，还捐床捐被，摆上鲜花绿植、书籍杂志，组织志愿者送水果餐食。因为住在这里的都是我们的兄弟姐妹！”

2020年1月30日，卓尔长江应急医院火线挂牌成立

一声“兄弟姐妹”，流露出浓浓的同胞情谊。由于捐建10所应急医疗机构的义举，阎志的抗疫传奇也相继被包括《新闻联播》在内的多家媒体平台报道，这位低调的慈善企业家也因此被众多国人所知。

值得一提的是，这10家应急医疗机构都有长江商学院校友的身影。截至2020年3月1日，长江商学院

31家校友组织、企业（个人）向卓尔应急医疗机构捐赠防护用品、医疗设备、救助药品、消毒用品、生活用品等总计175496件，其中包括医用外科口罩、N95口罩、隔离服、防护服、医用手套、药品、呼吸机、呼吸面罩、消毒液、呼吸湿化治疗仪、监护仪、消毒设备、试剂盒、自热食品等一线急缺的医疗和生活用品，价值超过800万元。

公益是长江商学院的开学第一课。在这次全民抗疫的战斗中，长江商学院各地校友驰援疫情的大爱和担当，在湖北汇聚成了一条激越奔涌的长江，奏响了一支“岂曰无衣，与子同袍”的战疫进行曲！

尾声

2020年3月9日，武展方舱医院宣布休舱。至此，卓尔捐建的3家方舱医院全部休舱，累计收治患者3663人，治愈出院人数2195人，分诊转院人数1468人。

2020年3月26日，卓尔随州应急医院完成抗疫应急救治工作。至此，卓尔7家应急医院全部完成使命，累计收治患者3926人，治愈疑似病人1005人，治愈确诊病人1828人。

2020年4月8日，在经历了长达76天的封城之后，武汉正式解封。

此时的江城，雾尽风暖，花开正灿。在城市复苏的气息中，湖北校友会志愿者团队又开始了新一轮的忙碌：他们向武汉的医院和社区捐赠了优质潮州柑，既帮助了因疫情影响销路的果农，又慰劳了仍坚守在防控一线的医护人员和社区困难群众；他们为火神山医院和雷神山医院的后期维护者们送去了牛肉等生活物资；还为福利院生活困难的“三无老人”送去了善款和物资……

苏毅说：“只要疫情没有彻底结束，我们的志愿行动就不会停止。”站在久违的长江岸边，看着澎湃的江水昼夜不息地流经这座英雄的城市，他和队友们都感到了一种蓬勃的力量，因为他们知道——上个冬天已经逾越，这个春天正在到来。

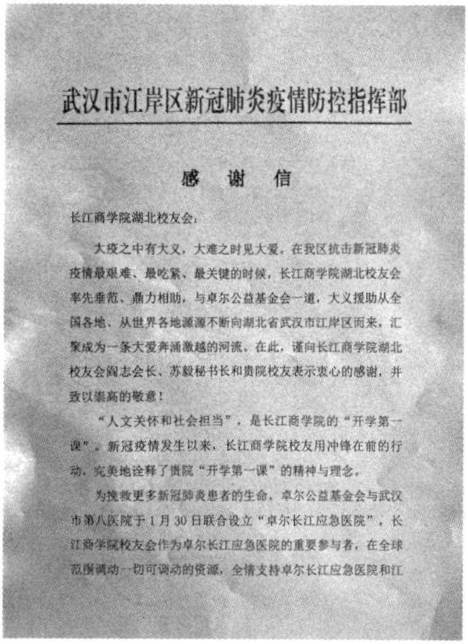

武汉市江岸区新冠肺炎疫情防控指挥部

感 谢 信

长江商学院湖北校友会：

大疫之中有大义，大难之时见大爱。在我区抗击新冠肺炎疫情最艰难、最吃紧、最关键的时候，长江商学院湖北校友会率先垂范、鼎力相助，与卓尔公益基金会一道，大义援助从全国各地、从世界各地源源不断向湖北省武汉市江岸区而来，汇聚成为一条大爱奔涌激越的河流。在此，谨向长江商学院湖北校友会阎志会长、苏毅秘书长和贵院校友表示衷心的感谢，并致以崇高的敬意！

“人文关怀和社会担当”，是长江商学院的“开学第一课”。新冠疫情发生以来，长江商学院校友用冲锋在前的行动，完美地诠释了贵院“开学第一课”的精神与理念。

为挽救更多新冠肺炎患者的生命，卓尔公益基金会与武汉市第八医院于1月30日联合设立“卓尔长江应急医院”，长江商学院校友会作为卓尔长江应急医院的重要参与者，在全球范围调动一切可调动的资源，全情支持卓尔长江应急医院和江

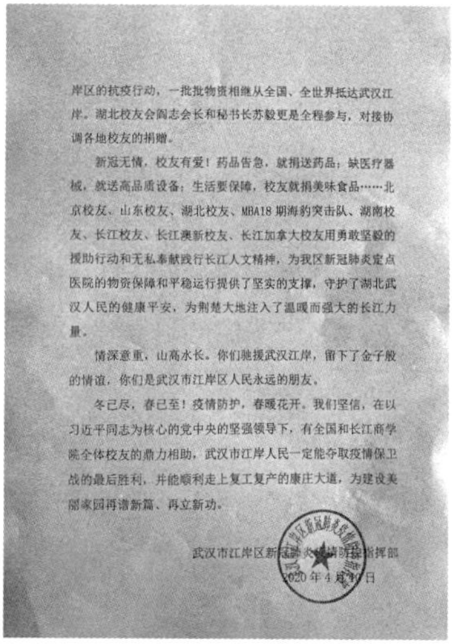

岸区的抗疫行动，一批批物资相继从全国、全世界抵达武汉江岸。湖北校友会阎志会长和秘书长苏毅更是全程参与，对接协调各地校友的捐赠。

新冠无情，校友有爱！药品告急，就捐送药品；缺医疗器械，就送高品质设备；生活要保障，校友就捐美味食品……北京校友、山东校友、湖北校友、MBA18期海豹突击队、湖南校友、长江校友、长江澳新校友、长江加拿大校友用勇敢坚毅的援助行动和无私奉献践行长江人文精神，为我区新冠肺炎定点医院的物资保障和平稳运行提供了坚实的支撑，守护了湖北武汉人民的健康平安，为荆楚大地注入了温暖而强大的长江力量。

情深意重，山高水长。你们驰援武汉江岸，留下了金子般的情谊，你们是武汉市江岸区人民永远的朋友。

冬已尽，春已至！疫情防护，春暖花开。我们坚信，在以习近平同志为核心的党中央的坚强领导下，有全国和长江商学院全体校友的鼎力相助，武汉市江岸人民一定能夺取疫情保卫战的最后胜利，并能顺利走上复工复产的康庄大道，为建设美丽家园再谱新篇、再立新功。

武汉市江岸区新冠肺炎疫情防控指挥部

2020年4月10日

武汉市江岸区新冠肺炎疫情防控指挥部致长江商学院湖北校友会的感谢信

附：

3月12日，在武汉战疫胜利曙光初现之时，苏毅在微信朋友圈写下一封信致敬所有心系武汉的长江校友和志愿者队友：

因为“爱和感恩”我有幸和大家不约而同地聚在了一起，心往一块想，劲往一块使，尽心竭力完成了这次公益，我们真真切切做到了“与武汉同在”！

我内心充满了对大家的感激，同时也如履薄冰、诚惶诚恐，因为这种信任辜负不起！

在这四十几天的时间里，表面看到的似乎是我个人在忙前忙后，实质上是大家一起在战斗。论善心，我并不比你们任何一个多；论能力，我并不比你们任何一个强。所幸我们同样心怀对武汉的爱，感激这座城市给了我们多姿多彩、无与伦比的生活！

我们的武汉生病了，这让我们有了一个回报它的机会！让我们这样一个群体有机会为千千万万响应号召隔离在家因为各种原因无法直接付诸行动的人代劳，为咱们的武汉做点微不足道的事！

在这次“战疫”中，我跟冲在一线的战士交流，跟不畏艰险的志愿者协作，每天被无数人感动，为无数事动容。他们平凡而伟大，他们无私、宽容、勇敢、勤劳、善良。正是这千万个“武汉人”再次印证了，武汉是座被浪漫情怀和铁血大义诠释过千百遍的英雄城市！

在这次“战疫”中，所有关爱武汉的国人和身在疫区的武汉人众志成城、目标笃定、共克时艰，坚定自己的信仰，不放大，不偏颇，用各种方式为之付出和奉献！

我是个遇上难事如果没有人上我就会站出来的人，也曾自私、自我，有时也会浮躁，我很感激大家给了我这样助人的机会。

我想，从未在任何困难面前畏缩过的武汉，虽苦难、惨烈，但又有着不屈和坚韧的精神，大家心中最最期望的是武汉的“春天”能早一点到来，到时我们依然能够互相支持，帮助彼此成长，互相学习，共同走向未来，那就是最美好的事情。

今年春暖花开时，樱花树下见哟！相信再见不远！

谢谢你们！

苏毅

2020年3月12日

对话苏毅

Q：待疫情结束，回归正常生活，您最想做的事情是什么？

苏毅：最想做的就是带着家人出去旅行一次，好好陪陪他们。

Q：这次疫情也对各行各业的经济发展造成了影响，作为企业家，您对企业如何应对这次疫情危机有什么好的建议吗？

苏毅：我觉得作为企业经营者，首先是要关注政策变化，无论是过去的政策还是最新出台的政策，关注大形势，把控好方向盘；其次就是一定要找到自己企业的核心竞争力在哪里，尤其是中小企业，找到自己产品的核心竞争力之后，再把它做精，即使今年员工人数不会再增加了，公司的管理、员工的技能、产品的质量都可以提升。

其实这次疫情，对企业和员工来说也是一次大考。你的员工是积极的人还是懒惰的人，都会暴露出来的。那些优秀积极的员工，会更敬业、更愿意付出、更有责任感，也会带动整个公司的士气。虽然上半年企业会有一定的损失，但我相信下半年会慢慢好起来，好比一个细胞死掉了，会有新的细胞长出来，而且变得更强。人都是有自愈能力的，企业也会有免疫力，经过了这一次磨炼，企业也会变得更团结、更有抗性。

Q：国难当前，您觉得企业家应该有怎样的担当？

苏毅：我觉得可以用一句诗来概括——“苟利国家生死以，岂因祸福避趋之。”这是我非常喜欢的林则徐的一句诗，也是我们做志愿者的初心。林则徐当年打的是硝烟之战，其实这次疫情也是一场没有硝烟的战争，我们看到很多有担当、有大爱的人站了出来，那些一线的医护人员，还有很多爱心企业和民间志愿者，他们都是英雄。我相信，如果我们的国家真的遭遇战争，挺身而出保家卫国的还会是这同一批人。

其实，这本质上是一个做人的问题。先做人，再做企业。如果说疫情暴发之后，我连我的父亲都不管了，自己跑到新加坡度假去了，那我还算是个人吗？后来做志愿者，其实也有过担心、有过害怕，尤其是在看到一些负面的报道、看到这个病毒怎么没完没了的时候，也会感到有点沮丧，但是我想，人总该有精神层面的追求。尤其是，当自己的举手之劳拯救了别人的生命，得到了别人真诚的感谢时，才能真正领悟生命的价值、自我的价值。在这个过程中，我也体验到了帮助别人时那种忘我的快乐，我的内心也得到了一次修炼，一次提升。

Q：在这次疫情中，您觉得长江商学院校友做公益的优势体现在哪里？

苏毅：首先，我们长江校友都是真真正正在做实事的，并非只是喊喊口号。我觉得来长江的人是很幸运的，我们不仅来这里学习，还一起运动、做公益、交朋友，大家都敞开心扉，以诚相待。我觉得长江精神的精髓就在这里，它是一种兄弟文化，在此次疫情中体现得淋漓尽致。当时，认识的、不认识的校友都给我打来电话，大家都只有一个目的，就是想真正把捐赠做到位，想真正帮武汉渡过难关。

另一方面，长江商学院规定了每位学员必须完成公益学时才能毕业，这个规定不是说你捐捐钱捐捐东西那么简单，是真正要动脑筋，要像经营企业一样去思考、去创新的。比如，我们湖北校友会的很多校友，都在阎志会长的组织下参加过"乡亲乡爱"精准扶贫行动，我们结对帮扶了黄冈、孝感、天门、恩施、秭归等地的50个贫困村，用高于当地的价格去收购他们的柑橘、红薯、野鸡蛋等特色农产品，然后进行包装设计，再通过电商平台销售出去，最后销售利润的10%，再捐给武汉儿童医院去帮助那些先天性心脏病儿童。在这个过程中，大家都积累了做公益的经验，这次疫情正好用在刀刃上了，我们湖北校友会志愿者团队从一成立，就避免了很多混乱和摩擦，大家分工配合得也很高效，这都要归功于以前做公益的经验。

Q：经此一"疫"，您对"无公益，不长江"这句话是否有了新的认知或理解？

苏毅：有的。以前学院要求大家做公益，可能有的人未必是主动的，不排除是看到别的校友都在做，自己不好意思才跟着做的。但是这次疫情暴发后，我看到的校友们都是自发的、主动的，没有人是被强迫的，都是因为我想做，用一个词来形容就是——不约而同。因为这次共同抗击疫情，很多校友也加深了对彼此的了解，甚至有的成了朋友，是公益把我们在一起团结得更紧了，也让大家的心贴得更近了。

本文作者：金越

案例点评

以苏毅、阎志为代表的长江人在湖北抗疫的事迹，可歌可泣，感人至深！

特大灾难来临时往往最能展现出人性的光辉，当然也最能检验一个学校的教育质量与价值趋向。面对武汉“封城”，苏毅义无反顾，返回武汉，从孝道之举迅速升华为善道善举。他作为长江湖北校友会的秘书长，迅速报告阎志会长并项兵院长等，立即展开各项支援行动，从而开启了他和长江校友们的集体抗疫之行！长江校友们的爱心与奉献已经在文章中逐一列举，这首先展现出的是学院群体的力量，也反映出长江商学院作为全国第一家学院将公益作为必修课并列入学分的社会创新与引领的成效。

正是作为一个群体，苏毅能够成为重要的校友抗疫枢纽，他与阎志会长协调四方八面，从募集资金到购买物资，再到志愿服务，更进一步改造出带有“长江”字样的医院，将大爱汇聚长江，献身社会，从而为抗疫斗争的胜利贡献出了重要的力量。校友们的杰出奉献，使得长江商学院当之无愧地成为中国抗疫斗争名列前茅的第一商学院！

我们应当向苏毅致敬！正是他的身先士卒、不辞劳苦、勇担道义、善于组织，才能够使一个普通的校友会在历史性的关键时刻转型为实至名归的公益慈善组织。组织创新的历史，当为苏毅立传！

我们特别要向阎志致敬！正是以他为突出代表的企业家和社会大众的巨大奉献和坚韧不拔的持续支持，才能够为国家抗击新冠疫情的阻击战、总体战的有效展开提供坚实的社会保障，从而促成了政府与民间双向合作共赢体制的形成。阎志的医院、阎志的方舱医院，已经成为社会交相赞誉的重要对象！全球慈善家的抗疫英雄榜中，阎志当位居前列！

掩卷沉思：为什么是苏毅？为什么是阎志？为什么是长江？为什么是中国？

民族自信立基于文化自信，而文化自信植根于文化自觉。我们看到的长江案例，正是中国传统的家国情怀、公共精神在新时代的充分展现。一个能够自立于世界民族之林五千年而持续绵延的国家，确实有其经久不衰的内在逻辑。苏毅与阎志所代表的，长江商学院所致力于倡导的，也许正是那古老华夏的民族之魂！

王振耀（北京师范大学中国公益研究院院长，
深圳国际公益学院创始院长、资深教授）

附录

截至3月10日，据不完全统计，长江各校友组织和班级已向疫区（包含但不限于湖北）累计捐赠资金和物资超过1900万元，长江校友企业捐赠资金和物资逾40亿元。

其中，长江湖北校友会接受各地校友捐赠资金9,379,237.75元。通过长江湖北校友会进行捐赠的校友组织、班级和个人如下：

账户一接收捐赠情况：

账户一接收捐赠收入4,172,437.75元，明细如下（排名不分先后）：

1. 各地校友会捐赠

三亚校友会10万、重庆校友会10万、山东校友会40万、北京校友会50万、香港校友会10万、大连校友会10万、天津校友会10万、澳新校友会21万、加拿大校友会20万。

2. 班级联合捐赠

创创图灵首期班9万、CE012期20万、EMBA28期4班37万、总裁16期20万、总裁14期10万、31期1班15万、EMBA11期2.9686万、EMBA24期1班10万。

3. 个人捐赠

张晓萌教授3.3万、朱睿教授1万、苏毅10.625万、戴文军10万、李朝晖1万、王翠翠0.05万、张继学10万、刘婷婷0.5万、余小泉5万、余慧1万、孙贞浩0.5万、刘志新2.02万、王燕王小玮3.2万、熊伟10万、计宏铭50万、张威1万。

4. 长江商学院无界学堂

3. 080175万。

账户一支出情况：

账户一接收捐赠收入4,172,437.75元，已使用资金4,172,437.75元，执行率100%；利用捐赠资金共采购口罩173,030只、护目镜1500只、防疫药品47,965盒、呼吸机（含面罩）32台、医用手套11,653双、防护隔离服20,150件、消毒液100箱、额温枪30只，物资总价值4,112,323.75元；物资运费总支出60,114元。（具体物资发放情况及接收单明细请参见2020年3月11日长江校友官微）

账户二接收捐赠情况：

账户二接收捐赠现金收入4,080,800元，校友代购物资捐赠收入1,126,000元，合计金额5,206,800元，捐赠明细公示如下（排名不分先后）：

1. 各地校友会捐赠

山西校友会10万、浙江校友会10万。

2. 班级联合捐赠

CE010期62.4万、CEO11期65万、接力8期26.5万、长江科技商业3期10万、文创4期6万、智能制造学会20万、总裁17期10万、总裁13期10万、CEO13期13.68万、CEO14期20万、大健康首期5万、长江EE资本3期5万、EMBA4期8万。

3. 个人捐赠

长江商学院创办院长项兵及夫人林莉10万、郭晟2万、刘壮青2万、李莹4万、陈先新1万、罗爱华5万、姚顺义4万、金婷婷2万、汪红梅5万、李青1万、陈帆1万、蔡红力1万、侯雪娇5万、张金煌1万、王琼18万、李瑞娟2万、方强1万、黄亮1万、董勇2.5万、陆勤超20万、王满根20.5万、李青李欣鹏5万、李剑2万、黄楠0.2万、荣琴1万、韦兆锋0.3万、张寒冰1万、薛岳1万、惠国瑾5万、马超贤1万、孙丹1万。

4. 校友代购物资捐赠

汪红梅13.2万、丁华民12万、惠国瑾5.5万、赵娜（快乐公益群及26期校友）58.8万、方强（24期3班）4.5万、王满根7.6万、丁晟9万、金婷婷2万。

账户二支出情况：

账户二接收捐赠收入5,206,800元，已使用资金5,206,761.31元，余额38.69元，执行率99.99%；利用捐赠资金共采购板蓝根颗粒1700盒、84消毒液300瓶、莲花清瘟胶囊400盒、口罩272,070只、手套50,000双、护目镜3800只、面罩5600个、医用帽25,500个、电池8只、酒精624箱、防护隔离服24,291件，物资总价值5,102,000元；物资运费总支出104,761.31元。（具体物资发放情况及接收单明细请参见2020年4月25日长江校友官微。）

CKGSB
长江商学院

山川异域，风月同天

——从同胞情谊到人类命运共同体

“山川异域，风月同天。”

“青山一道同云雨，明月何曾是两乡。”

“辽河雪融，富山花开；同气连枝，共盼春来。”

2020年1月，新冠肺炎疫情暴发以来，中国接收到了许多来自国际社会的援助。其中，一衣带水的邻邦日本在援华物资上写下的这些诗句，给无数人带来了温暖治愈的能量。

当国际社会援助中国之时，遍布世界各地的长江商学院校友，也纷纷加入了驰援祖国的行动中，他们发挥海外资源优势，跨越千山万水，将一批批抗疫物资捐往国内抗疫一线，真正诠释了“人分两地，情同一心”的同胞情谊。

2020年3月以来，随着疫情进入全球大流行阶段，中国亦主动履行大国担当，持续不断向海外疫情严重的国家输送医疗物资和医护力量，将“投我以木桃，报之以琼瑶”的华夏美德扬向四海。

与此同时，海内外长江校友也投身到了新一轮的国际援助中。从北美到日本，从澳洲到欧洲，他们用雷厉风行的驰援践行着“构建人类命运共同体”的全球担当，用敬畏生命的态度演绎着“无问西东，只问善良”的人性光彩！

澳新校友会：跨越万里之遥的同胞情谊

在中国，新冠肺炎疫情暴发后相当长的一段时间里，医用防护服都是最紧缺的物资之一。为了节省一件防护服，医护人员连续8小时不吃不喝甚至穿着纸尿裤上前线的新闻，曾让亿万国民的心为之牵动。

“真是触目惊心。”姜杰（长江商学院EMBA14期、DBA4期校友，长江商学院澳新校友会会长，欧陆之星钻石有限公司董事长）至今还记得在悉尼看到这段新闻时的感受，身在南半球的盛夏，他的心穿越近万公里的距离，瞬间变成了祖国的凛冬。

虽然已在海外生活了30余年，但他从不曾忘记自己的故土。尤其是担任长江商学院澳新校友会会长以来，姜杰和澳新校友每年都会回国走访兄弟校友企业，而每去到一个地方，他们也都会把爱心播撒到那里。近7年来，澳新校友深入过新疆、广西、山东、四川等地，通过捐赠善款、图书和教育设备的方式，为当地的孤儿、自闭症儿童和贫困儿童创造更好的成长环境和教育条件。虽相距万里，隔阻千山，他们的公益足迹却一直在国内绵延。

2020年1月28日，姜杰在长江商学院海外校友群里看到项兵院长

长江商学院澳新校友在青岛自闭症康复机构参加公益活动的合影（前排右5为姜杰会长）

发出的倡议信息：“国内疫情局势日趋严峻，但因正值农历新年，各大企业停工停产，口罩、防护服等抗疫物资产能严重不足，呼吁海外校友发挥国际资源优势，积极提供海外物资渠道，帮助祖国同胞共渡难关。”

看到信息后，姜杰第一时间转发到澳新校友群里，还未开口呼吁，校友们已纷纷跳出来响应：“收到！我们一起来想办法，帮国内募集物资！”

接下来，澳新校友自发组织起了募捐。很快，在40多位校友的接力下募集到60多万元善款。

同一时间，校友们开始满世界找货源。此时，因女儿在悉尼读中学的张晓萌教授（长江商学院副院长，组织行为学副教授、领导力与激励研究中心主任）也关注到澳新校友会的行动并主动加入了进来，积极和大家共享自己的物资渠道。鉴于各国医疗用品标准不同、型号各异，6位从事医疗行业的澳新校友还组成了专门的医疗物资组，协助大家快速鉴别出符合国内医用标准的产品。

终于，在大家的共同努力下，澳新校友会采购到10,000只医用口罩、10,000套医用防护服，5050套医用隔离服，张晓萌教授也以个人捐赠的方式采购了1000套医用隔离服和20,000只医用手套，一起从海外运往国内！

澳新校友会捐赠至国内的部分抗疫物资

澳新校友会捐赠的部分抗疫物资抵达湖北一线

考虑到国际物流到达武汉需提供各种文件，姜杰已提前联系到长江商学院湖北校友会秘书长苏毅，请他协助办理通关文件，同时，张晓萌教授成功联系到国内可承运的物流公司。在三方严丝合缝的配合下，迅速打通了从澳洲到厦门海关再到武汉的关卡——2月上旬，这批物资承载着澳新校友和张晓萌教授满满的祝福，日夜兼程送抵武汉，在苏毅带领的湖北校友会志愿者团队的奔走下，它们已分批捐赠至包括天门市第一人民医院、竹山县人民医院、沙洋县人民医院等在内的物资同样匮乏但关注度相对较低的市县一级的医院。

武汉加油，中国加油

Dear Doctor uncles and aunts in Wuhan,

Hello, my name is Angel Wang. I am from America and is currently a middle schooler at Pymble Ladies' College in Sydney. After lot's of effort and hard work from my mom, we got 20,000 medical gloves and 1,000 extra thick medical standard protective suits. I used all of my new years red envelope money to donate the gloves, the others were donated by my mom.

The coronavirus may potentially become a pandemic, and thank you, doctors and nurses, for controlling it so well and risking yourselves to help the others in need. We really appreciate it, thank you for helping us fight the disease. I am adamant that we will fight the virus, and we will win. I hope you all make sure to take care of yourselves and wish you to stay healthy. We can do it! Go Wuhan, Go China!

武汉中部战区总医院的医生叔叔和阿姨，

您们好！我叫Angel Wang（王雨喆），我来自美国，现在正在澳大利亚悉尼的Pymble Ladies' College上中学。经过很多努力，妈妈终于筹集到了2万只医用手套和1000套加厚医用防护服。我把自己在今年春节收到的所有的压岁钱贡献出来，和妈妈一起捐赠这些物资，希望能帮助到您们。非常感谢您们的贡献，您们辛苦了。希望叔叔和阿姨在前线保重身体，我们一定会战胜病毒，武汉加油，中国加油！

仁心仁术
生命守护

fighting

Angel小朋友写给武汉前线抗疫工作人员的信

在这次的跨国驰援行动中，最令姜杰和苏毅感动的，是张晓萌教授女儿写的一封信。这位名叫Angel的00后小女孩，用中英双语在信中写道：“经过很多努力，妈妈终于筹集到了2万只医用手套和1000套加厚医用防护服。我把自己在今年春节收到的所有压岁钱贡献出来，和妈妈一起捐赠这些物资，希望能帮助到你们。非常感谢你们的贡献，你们辛苦了。希望叔叔和阿姨在前线保重身体，我们一定会战胜病毒，武汉加油，中国加油！”在信纸的周围，她还细心地画上了口罩、防护服、医用手套等图案，并郑重写下了“仁心仁术，生命守护”的致敬语。

其时，作为志愿者奋战在武汉的苏毅看到Angel的信后，说道："真的是天使一样的小朋友，她是在用一个孩子最纯真、最清澈的心书写这样一封信，连我都受到了莫大的鼓舞！"

进入3月后，疫情在全世界开始蔓延，澳大利亚也受到波及，一度呈现每日新增数百确诊病例的严峻形势。此时，中国医疗物资紧缺的状况初步得到缓解，在澳新校友会公益委员黄正林的协助下，澳新校友会又从国内采购了一批医疗物资至澳洲，其中20,000只一次性防护口罩发放给澳新校友及其家人，帮助他们做好防护措施，另外30,000只医用N95口罩则捐赠给了澳洲本地医疗机构，帮助整个澳洲社会对抗疫情，渡过难关。

"无论出于校友之谊，同胞之情，还是人道主义，我们都义不容辞。"姜杰如是说。谈及这次跨越万里之遥的驰援，他动容地说道："从古至今，中华民族都是伟大的民族。尤其是在国家危难之际，是华夏子孙患难与共、守望相助的手足之情，一次次帮我们攻克难关，取得胜利。这次新冠肺炎疫情来势凶猛，不仅是我们长江海外校友，全世界华人侨胞都在关注祖国、支援祖国，这种血脉相连的同胞之情，本质上是一种亲情，是无论走到地球上的哪一个地方都割舍不断的。"

EMBA31期：前路有光，初心莫忘

2020年1月下旬，家住美国北卡罗来纳州夏洛特市的吴娟（长江商学院EMB31期3班校友，磐远控股总裁，北美华商会会长）刚刚关注到国内疫情新闻的时候，11岁的女儿正在写家庭作业"怎样让世

界变得更美好”。吴娟见女儿写道：“有好多人看到很多事情只是怜悯和心疼，可能只是想想就算了。如果大家都不只是想想和说说，而是都开始行动，那世界就会更美好！”

这时，女儿已经知道，有一种前所未见的病毒正让中国许多人经历着病痛的折磨，连帮助他们的医生都有可能被传染。当天晚上，女儿交给吴娟200美元和15美元，说：“妈妈，您用这些钱买一些口罩帮帮国内的叔叔阿姨吧。”这笔“巨款”分别是女儿所有零花钱的一半，以及下午玩耍时她向小伙伴分享了中国疫情的新闻，小伙伴把身上的零花钱都拿出来请她转赠的。

吴娟一下就被感动了。作为长江商学院EMBA31期3班组织委员的她，此时也已联合国内的长江同学一起行动：在国内，313班自发成立了专项小组，岳曰安、杨小宁、周成、王克勤等同学都夜以继日地工作，通过公益委员王克勤的大爱清尘基金会为湖北新冠肺炎定点医院捐赠呼吸机；在国外，吴娟在发动长江同学的力量之余，也联合自己企业的员工、全球灾后重建团队、慈缘基金、北美留学生、北美华商会等社会力量，从各种渠道采购N95口罩、防护服、护目镜、医用手套、实验室工作服、医用一次性洗涤用品、医用一次性手术单、医用毛巾、医用防护垫、手术台布等各类抗疫物资捐往国内。

为确保这些物资能顺利抵达国内一线，吴娟又先后联系中国驻美大使馆及作为夏洛特市友好城市的深圳市政府，并在一位京东校友陈岩磊的协助下，终于在2月4日经国际空运成功将物资运回国内，经大爱清尘和慈缘基金帮助，分批捐赠给武汉、黄石、鄂州、广水、兰州、合肥、深圳、济源、益阳、安庆等城市多家医院的一线医护工作人员！

时间快进到3月，看到中国疫情逐渐缓和的吴娟，才刚松了一口气，很快又嗅到了身边释放出的危险信号——先是社区附近一家专为癌症儿童服务的医院因消毒液告急被迫临时关闭，随后她又关注到一家接收新冠肺炎患者的医院中，医生仅有的防护措施是普通一次性口罩。正在吴娟想办法为这两家医院提供帮助的时候，美国的每日新增确诊病例开始井喷式增长……对她来说，一场更艰苦持久的战疫开始了。

又一次，吴娟和长江EMBA313同学发动一切能发动的社会资源，投入到了驰援美国疫情的行动中。EMBA31期同学在通过吴娟了解美国的具体情况后，在313班委的宣传下，主动捐赠善款50万人民币，联合磐远控股、慈缘基金、大爱清尘基金会、美国就业创造和经济发展

EMBA 31期3期校友吴娟在美国采购大批抗疫物资驰援国内

联盟（AAED）及北美华商会（NACCC）和社会各界力量，相继从国内采购到32,300只N95口罩、10,000只医用口罩、2000个护目镜、800套杜邦防护服捐赠至纽约以及全美各大医院；同时，EMBA31期同学还协助了深圳市政府赠予了夏洛特市政府40,000只医用外科口罩……

在捐赠物资之外，吴娟还在寻求更持续更创新的解决方案：她和一家由世界顶级科学家发起的非营利组织合作，他们研发出一种通过改善手术操作环境降低医护人员感染风险的Box专利产品，然后将专利免费捐赠出去，经生产商以成本价向政府和医疗机构供应；同时，助力几位高中生发起的环保助力抗疫活动与美国一些非营利环保组织达成合作，将回收材料处理加工后经3D打印做成护面罩等防护物资——这些持续深化的项目模式，与长江商学院倡导的“用商业模式做公益”的理念亦不谋而合。

无论是帮助中国同胞共渡难关还是帮助美国社会抗击疫情，最终撬动的爱心力量都远超吴娟想象。在她看来，这也是长江校友做公益最大的智慧之一：不封闭，不狭隘。尤其是在这场全球性的大灾难中，大家跳出了校友的圈子，跳出了中西的界限，每个人都在发动国内外一切渠道，去整合最大的社会资源，其中有主动争取合作的，也有受到感召后自愿加入的，最终产生了强大的向心力，像滚雪球一样，释放出了越来越大的能量！

但是，如同一波三折的疫情一样，做公益并不总是顺风顺水，在这段时间，大家也听到了很多争议的声音，看到了疫情之下医疗行业的市场乱象，目睹了从事国家贸易的朋友企业因疫情影响陷入巨大的危机……但吴娟依然倾尽全力地在努力，每天忙碌至深夜。“不要因为走得太远，就忘了为什么出发。”这是她常用来自省的一句话。在公益路上，支撑她走下去的便是那一颗初心，而这颗初心，正好藏在11岁女儿的那道作文题里——让世界变得更美好。

长江入海队：长江入海方无限，风雨同舟寰宇情

在长江商学院，长江入海队是一个特别的存在——175位校友和教授不是因为地域、班级聚集到一起，而是基于一个相同的兴趣爱好：高尔夫球。

这也是长江内部一支热爱公益的“宝藏”队伍。从组建之初，队长刘洪昕（长江商学院EMBA18期校友，长江入海财富管理公司董事长）就立下了一条不成文的“队规”：“不做公益就退队。”多年来，

长江入海南极合影

长江入海的队友们组织过慰问腾冲远征军老兵、捐建象山真爱梦想教室、捐助江西希望小学、联合中国儿童基金会发起成立“中国自闭儿童关爱基金”、捐赠300万共建长江上海教学点并冠名“长江入海队荣誉教室”等公益活动，身体力行地传承着“无公益，不长江”的大爱精神。

2020年1月，新冠肺炎疫情暴发后，刘洪昕第一时间和长江入海队公益委员会名誉主任、EMBA2期校友王重九，公益委员会主任、EMBA12期校友曹传德商议，决定启用长江入海公益基金并发动队友为湖北一线募捐物资。

在他们的牵头下，分布在世界各地的队友如百川入海般集结了起来：大家自发组织起募捐，同时开始搜寻物资，并成功联系到成都一家医护用品生产公司，采购到10,000件医用隔离衣，分别捐赠至武汉高新方舱医院、武汉第八医院和随州市中心医院。在这批物资上，队友们还特地写上了“长江入海方无限，风雨同舟楚天情”和“江南无所有，聊赠一枝春”的诗句，表达了愿山河无恙，盼医护人员早日踏春而归的美好祝福。

长江入海队捐赠的部分抗疫物资在运送途中

必须一提的是，这次驰援湖北的抗疫行动，除了长江入海队的参与，还有另一只高球队——清华五道口GFD金博吾队的参与。这是刘洪昕发起的另一支球队，组建之初，他同样把公益的理念带入了这支队伍里。疫情发生后，本着公益无界、众人拾柴火焰高的初衷，他同时在两支队伍里发起了倡议，最终在双方的密切配合下，高效完成了这次行动。

但驰援湖北，仅仅是一个开始。从3月15日起，看到越来越严峻的海外疫情局势，长江入海队和清华五道口GFD金博吾队再次携手，展开了新一轮的跨国援助——

3月31日，捐赠100,500只一次性防护口罩到日本；

4月7日，捐赠100,500只一次性防护口罩到美国南加州华人联合总会；

4月1日至4月中旬，陆续捐赠30,000只医用N95口罩、10,000件医用隔离衣、4800只一次性医用口罩、2600件医用防护服到有“意大利金银潭医院”之称的意大利米兰医院。

“为什么会选择捐赠这三个国家？”

刘洪昕说：“从客观上讲，美国、意大利、日本的确面临防护物资不足的困境，亟须来自国际社会的援助。

“在实际操作层面，这三个国家都有长江入海队的队员主动请缨协助对接医疗机构、跟进物资的落地。在日本大阪，长江入海队队友辛泽在负责接应物资；在美国洛杉矶，当地的队友部闻不仅完成了货物清关工作，还主动承担了清关的费用；还有生活在意大利的在途队友蓝天，在前期就以个人名义捐赠了10万元给长江入海公益基金，在后期驰援意大利的行动中，她也承担了出运、报关、国内驳货、落

长江入海队捐赠的抗疫物资抵达日本

长江入海队捐赠的抗疫物资抵达意大利

长江入海队捐赠的抗疫物资抵达美国，洛杉矶郡郡长凯瑟琳·巴格在接受采访时表达谢意

地等重要工作，并为长江入海公益基金节约了近百万元的费用。

“最后，从情感上说，意大利和中国一直有友好的邦交关系，2008年汶川地震，意大利是第一个向四川灾区派出医疗专家团队的国家，在中国抗击疫情的紧要关头，意大利也向中国提供了急需的物资援助；日本在中国疫情最紧张的时候，曾用包机向中国捐赠了一批批物资，还贴上了‘岂曰无衣，与子同袍’‘山川异域，风月同天’这样美好的诗句，给我们带来了很多正能量；在美国，包括华人侨胞和华人企业在内的美国企业界和美国民间组织在支援中国疫情时也都是不遗余力的。所以我们所做的不过是秉持着一个朴素的理念——滴水之恩，涌泉相报。”

爱心是会流动的，长江人海队的抗疫行动也一次次验证着这一定律。在奉献爱心的同时，他们也收到了来自海外友人真诚的致谢，其中有美国洛杉矶郡郡长凯瑟琳·巴格的致谢，美国南加州华人联合总会会长邵闻先生的感谢状，日本堺市日报头版头条的大力报道，还有意大利米兰医院院长发来的亲笔签名的感谢函……

回顾做公益的初衷，刘洪昕说道：“当初我们要求队友必须做公益，就是希望大家在做公益的过程中感受到公益的能量和快乐，最终把这种强制的规定变成自发的习惯。很多人说做公益是在回馈社会，其实社会变好了，最后也会慢慢回馈到我们自己身上。这次抗疫也是如此，我们生活在同一个地球村，只有所有村民都安全了，我们才会安全，所以帮助别人就是帮助自己。作为长江企业家，我们一定要格局大一些，目光长远一些，在有能力的条件下，一直追杀病毒直至抗疫胜利！”

美西校友会：海外华人，全球担当

新冠肺炎疫情进入全球大流行阶段后，网络上开始流行一个段子：“这场全球战疫，中国打上半场，外国打下半场，海外华人打全场。”

生活在洛杉矶的长江校友屠一冬（长江商学院EMBA9期校友，长江商学院美西校友会常务副会长，AnyPromo创始人）对这句话感触颇深。

从1990年去美国上大学到毕业后在美国工作、定居，在当地社会文化的影响下，做公益之于屠一冬，早已成为日常饮水般的习惯。入读长江商学院后，学院倡导的人文关怀和公益精神令他无比惊喜，在担任美西校友会常务副会长之时，他提出的唯一一个要求就是："一定要把'无公益，不长江'的精神传承下去，哪怕我们的校友活动少一点，公益活动也一定不能停。"

2020年1月下旬，新冠肺炎疫情在中国暴发后，美西校友会原本计划发动全体校友从国外采购物资捐赠到国内，但因突如其来的医疗物资管制令导致国际物流产生种种不确定因素，美西校友们只能通过个人和企业的渠道，像蚂蚁搬家一样少量多次往国内寄回一批批抗疫物资，其间的琐细、焦灼和对祖国同胞亲人的牵挂，不足为外人道。

进入3月后，美国新冠肺炎确诊病例开始激增，并逐步发展成全球疫情最严重的国家。看到美国当地许多医疗机构物资极度匮乏的情况，屠一冬和美西校友会名誉会长傅建军、会长李伟、执行会长宋革委、执行会长赵飚快速响应，果断决策，发动全体校友展开救援行动。为了提高效率，美西校友会们更在百忙中挤出时间学习医疗物资标准的相关知识，同时发动国内资源优势，寻找有质量保障的可靠货源，展开了一场持续的抗疫行动——

3月31日，屠一冬代表美西校友会分别向Huntington Hospital和Pomona Valley medical Center进行了捐赠；

4月1日，美西校友会副秘书长Simone Liu和前加州财政部部长John Chiang一起代表美西校友会向UCSD Medical Center进行了捐赠；

4月3日，校友宋祥熙代表执行会长宋革委和美西校友会在北加州湾区分别向Kaiser Permanent San Francisco Hospital和Palo Alto Medical Center进行了捐赠；

4月13日上午，美西校友会副会长王向军与副秘书长刘梦欣代表校友会捐助洛杉矶县警察局防疫物资10,000个口罩；下午名誉会长傅建军会长及秘书长张伟，副会长王向军到美以美医院捐赠30,000只口罩；

4月15日，长江接力8期校友赵贝怡和CEO14期校友付自清联合美西校友会向其居住地的警局San Marino Fire and Police Department捐赠了6000只口罩；

4月17日，美西校友会副会长王向军前往美国退伍军人事务部进行捐赠；

4月17日，美西校友会副秘书长Simone Liu代表美西校友会向UCLA Medical Center 捐赠了15,000只口罩；

4月29日，美西校友会名誉会长傅建军前往Pasadena警局及Kaiser Permanente Baldwin Park医院捐赠15,000只口罩；

4月30日，美西校友会名誉会长傅建军前往Huntington Hospital捐赠口罩30,000只……

此外，美西校友会尔湾五位校友葛会军、高帆、朱再扬、曾卫平、于水共同创立的WeTogether公益基金，募集了10万多美元善款，联合Lead-OC公益基金向UCI Health等多家医院、市府和老年小区进行了捐赠，有效缓解了当地物资储备的缺口。目前，他们正在继续扩展与当地企业及其他公益组织的合作，准备更多地帮助社区和有需要的群体。同时，学院徐佳老师，副会长王元元、崔西、王帅以及副秘书长程曦、刘婷婷、付颖也以募集资金、物资采购、捐赠物资

美西校友会持续向美国抗疫一线捐赠医疗物资

等不同方式参与到这场抗疫中……

截至2020年4月30日，美西校友会已累计向美国多家医疗机构、社区、消防和警务部门捐赠了价值35万美元的抗疫物资。在严峻的疫情局势和复杂的国际形势之下，美西校友们勇敢担当，专注抗疫，身体力行展现了海外华人的大爱担当。作为海外社会了解中国的一扇重要窗口，他们也用实际行动塑造了中华民族“铁肩担道义，所念皆苍生”的民族形象！

正如屠一冬所说：“在全球化的今天，只要世界上还有任何一个国家的疫情在蔓延，其他国家都不可能独善其身；只要能够多挽救一个人的生命，我们所做的事就是有价值的。因此，无论身在中国还是身在美国，无论出于理性还是出于爱心，为了遏制疫情，我们都会挺身而出，义无反顾。”

全球战疫，长江校友的国际担当

在这场全球战疫中，长江校友跨国驰援的故事还有很多很多——

国内疫情暴发后，长江商学院加拿大校友会第一时间成立了“新冠抗疫工作小组”，募集校友个人及校友会捐款46.67万元，采购口罩26,000只、鞋套20,800个、头套25,200个，分别捐赠给荆州中医院、公安县人民医院、松滋人民医院、江陵人民医院；采购医用防护口罩21,000只，分别捐给孝感市中心医院、孝感市第一人民医院、湖北省荆州市中医医院、公安人民医院、松滋人民医院、江陵人民医院；同时和长江商学院湖北校友会合作，采购30台呼吸机及50个面罩，价值20万元人民币，捐赠至汉川市人民医院、武汉市中心医院后湖院区、武汉儿童医院等。

长江商学院EMBA25期校友蔡哲毅及其所在企业Colorfone，在1月份中国暴发疫情时，积极参与侨界捐赠和协助防疫物资紧急转运回国；3月份欧洲发生疫情后，又参与长江校友抗疫物资群的组建共享资源，同时向荷兰政府部门、当地医疗机构、中国驻瑞士大使馆、瑞士GIG学院等机构，持续捐赠防护口罩等医疗物资。

长江商学院EMBA21期校友李浩田所在欢赢体育向乌拉圭驻华大使馆捐赠10,000只一次性医用口罩，支持乌拉圭的疫情防控工作。

长江商学院DBA4班校友孙修顺所在企业韦立国际集团引领的“赢联盟”向几内亚捐赠总价值超过200万美元的抗击疫情急需医疗物资，包括数以万计的试剂盒、医用口罩、防护服、护目镜、医用手套、药品、高科技核酸检测仪器以及在途海运和现场筹办的各类物资，物资将提供给首都科纳克里、博凯和康姆萨等城市医院；同时，赢联盟还为中几医疗队和一些医院援建了隔离门诊和病房，并持续为几内亚提供更多力所能及的支持。

为确保身处海外的长江校友在遇到突发或亟须帮助的情况时，能够及时联络到校友组织，长江商学院也在美国、新加坡、加拿大、澳大利亚、新西兰、韩国、日本、欧洲等国家和地区建立了校友组织互助群，并设立疫情紧急联络人，协助校友共克时艰。同时，长江商学院已收集并发布61项校友企业出口防护物资信息，建立物资信息通道，与全球校友共享。

截至2020年4月底，长江校友对国际社会的驰援还在持续进行

EMBA25期校友蔡哲毅在驰援欧洲的抗疫物资上，贴上了著名作家阿尔贝·加缪代表作《鼠疫》中的经典名言：If there is one thing one can always yearn for and sometimes attain，it is human love.（如果世间还有什么东西是值得我们永远向往且有时可得到的，那就是人间的真情。）

中……这是一场全人类共同抗击病毒的战争，跨越了国界，跨越了种族。每一位长江校友都深深懂得：唯有各国人民携手并肩，互助互爱，方能形成全人类的最强合力，遏制病毒，共克时艰。

一直以来，长江商学院不仅致力于教会学子如何把企业经营得更成功，也致力于教会他们如何让世界变得更美好。在长期的耳濡目染和切实的公益实践中，长江商学院把人文精神和家国情怀烙刻进了每一位学子心中，也把全球视野和全球担当植入了每一位学员的血液之中。

十年磨剑终成锋。疫情试金石下，海内外长江校友亲密配合，并肩作战，用风雨同舟、守望相助的同胞情谊和放眼全球、勇敢担当的大爱情怀，向世界交出了一份写满中国温度的答卷！

对话姜杰、刘洪昕、吴娟、屠一冬、蔡哲毅

Q：您如何评价长江校友在这次全球战疫中的表现？在您看来，长江校友做公益最大的特点或优势是什么呢？

姜杰：在这次全球战疫中，我所看到的无论是校友个人、校友企业还是校友组织，都开展了一场场自发、高效的救援行动，这与长江十多年来的公益慈善教育是分不开的。从项兵院长、学院教授到老师，大家都在推动这种校风的树立，那就是长江不仅要培养中国最好的企业家，还要让这些企业家帮助我们的社会变得更美好。这种价值观的引导和培养，放眼全球商学院，都是值得尊重和推崇的。

刘洪昕：我觉得，第一点是长江商学院的入学标准就决定了，这是一群有一定经济能力去做公益的人，虽说做公益也需要投入时间、精力、智慧，但我们也不能回避，做公益的确需要资金。第二点是长江校友都很有情怀，我们有一个校训是“学以致用，经世济民”，所以，大家都有这种经世济民的使命感。第三点就是兄弟文化，同学之间对内相互扶持、相互帮助，对外发起公益活动也能一呼百应，齐心协力把事情办好。第四点是在长江做公益有一个系统性的优势，无论从精神层面还是方式方法层面，学院都在大力引导，所以在长江组织公益活动相对也要容易很多。通过这次抗疫行动，我还有两点很深刻的启发，一是做公益不踩踏，不要和国家抢资源，要考虑如何合理分配资源，如何把资金利用得更高效；二是爱心不分不大，最重要的是要引领公益心，使之成为习惯。

屠一冬：在我看来，长江校友做公益最大的特点是：不鸣则已，

一鸣惊人。这次支援美国抗疫，其实我们最初的预算是8万美元，后来不断追加，一直追加到35万美元，到现在还在增长……因为在其中不断有新的爱心汇入进来，1个人带动10个人，10个人带动100个人，大家都很自发、很主动地在参与，不是那种事不关己的态度，最后产生的能量是远远超乎我想象的。

吴娟：长江校友做公益不狭隘，不封闭，尤其是在这种全球性的大灾难面前。大家的姿态都是开放的，会主动去争取更多的社会合作，撬动最大的社会力量来解决问题。同时，我们也不是关起门来自己抱团取暖，比如，我是海外校友，那么我的同学们不会说我给你寄一点口罩算了，你保重自己，大家都在很主动地帮助美国社会，这其中是真的有一个全球的视野和博爱的情怀的。通过这次抗击疫情，我也有了很多思考，我觉得公益不只是简单的捐赠，公益还要有智慧，圣经中有一句话叫“善良如鸽子，灵巧如蛇”，就是说要用智慧去加持你的爱心。当然更重要的是，公益要给人温暖的关怀，要给他人带来希望和坚持的力量，要传递爱和善。

蔡哲毅：长江校友具备积极向上的人文情怀、经营能量和全球视野。在抗击疫情中，更表现出企业家互助互信、团结协作的社会责任担当。历史不断重演，没有人是一座孤岛。这里没有宏大叙事的集体荣耀，也许只有对生命卑微的尊敬与祈祷。在欧洲抗疫中身体力行，深深共鸣于“爱在长江，公益担当”的大爱无疆，感恩长江公益事业提升了我们长江人，将继续在践行企业公益的过程中奉献微薄之力。

Q：您如何理解“人类命运共同体”这一概念？面对全球战疫背景下的复杂的国际关系，您觉得我们应该持有怎样的态度？

姜杰：我觉得应该把这次疫情定义为一个全球性的重大突发公共

卫生事件。无论是国内民众，还是海外民众，都应该更多地去关心自然，关心民生疾苦，关心如何控制疫情，如何恢复民生和经济。这次疫情会对全球的格局造成多么深远的影响，目前还不明朗，但可以肯定的一点是，只有全球人民一起携手，我们才能在最短的时间里遏制住疫情，保护更多人的生命安全，这才是当下最应该做的。

刘洪昕："山川异域，风月同天"和"人类命运共同体"，我觉得这两句话是可以融合在一起的：虽然我们生活在地球上的不同角落，但我们的命运是息息相关、紧密相连的。世界上任何一个地方都有可能发生灾难，但灾难的发生一般会有时间差。比如，汶川地震四川遭受了重创，湖北当时是有能力去帮助四川人民进行灾后重建的；现在湖北疫情最严重，四川也会动用余力去支援湖北；从全球角度来看也是一样，疫情在中国和海外暴发有一个时间差，前期我们接受了很多海外的帮助，后期中国开始恢复后，有了能力，就成了全球战疫的坚实后盾。从整个人类利益来考虑，这种互帮互助是可以提高效率的，同时也让我们的世界变得更温暖、更有温度了。

吴娟：我觉得在这个时候真的不适合做任何关于政治的文章。This is about humanity，this is not about politics（这关乎人性，不关乎政治）。如果疫情在中国肆虐的时候，其他国家都袖手旁观，任由疫情发展，现在全世界的情况一定会更加堪忧；同时，世界其他国家的疫情也会影响到中国，只要世界上还有一个地方的疫情没有控制住，世界上就没有一个地方是绝对安全的。

屠一冬：人类命运共同体不仅仅是一个概念，它是一个fact（事实）。即使没有全球化，也没有一个人可以完全独立于整个人类体系而存在；何况在全球化的今天，只要还有国界的开放，只要还有双边贸易，只要一个国家还有一个公民生活在其他国家，闭关锁国就不可能实现。疫情之下，每个人的命运都是连在一起的，我们必须联合起来，动用所有可以动用的资源，才能更快地战胜疫情。就长江校友来说，在很多人眼中我们是一个富有的群体，但其实富有并不是一个fact（事实），富有是一种心境。如果你有很多资源，但是你摆在那里不用，也不肯去帮助别人，那你不就是一个穷人吗？我们之所以感到富有，就是因为我们帮助到别人了，而在这次疫情中，帮助别人其实就是帮助自己。

本文作者：金越

案例点评

从长江校友参与本次新冠疫情应对的各种公益行为中，可以看出长江公益显示出三个比较明显的特征：第一是常态化，第二是参与性，第三是国际观念。

案例中可以看出，所有校友参与本次疫情应对的团队都不是一次性的临时行为，而是长期公益行为的自然延伸。因此校友能够很快被“成建制”地动员起来，去了解现场需求，了解物流渠道，动员组合性的资源，以最高的效率行动起来。

很难想象，如果只是临时的“应激反应”，长江校友很难上述四个组合动作快速行动起来——实际上这些动作已经具有相当明显的专业公益机构特征。

参与性是公益的重要特征，长江校友并没有像不少捐赠者那样简单捐赠资金或者物品，而是投入到从一线需求调研到物资分发到一线使用者的全流程闭环当中。

在本次抗疫行动中，只有真正参与到上述全流程中的人，才能真正体会到民间公益行为的艰辛。长江校友以他们自身和家人的全程参与，让我们看到“奋不顾身”的志愿性对公益的意义。

三是就观念而言，长江校友的公益行为远远超越了“献爱心”这个朴素概念，而是上升到国际化和人道主义的高度。

过去三个多月以来，大家都已经看到疫情应对本身是如何被政治化和意识形态化的，长江校友不仅提出了国际人道主义观念，这也是非常难能可贵的。这说明长江校友在公益观念上已经上升到较高的层次。

长江校友在这次疫情应对中普遍而有效的公益行动，不是一次偶然的事件，而是长江商学院过去数年以来，将公益深植入其核心理念和核心业务中的自然结果。这样的成果不仅是我们作为专业公益人愿意和希望看到的，也是长江商学院有别于其他很多商学院的地方。

李劲（三一基金会副理事长兼秘书长）

CKGSB 长江商学院

长江速度，火线驰援

——代号“245282”，一直在行动

SOS！护目镜告急！

新冠肺炎疫情暴发之初，我们对病毒的认知非常有限，一把达摩克利斯之剑悬在所有人头顶：新型冠状病毒到底是通过什么途径传播的？

2020年1月22日，北京大学第一医院呼吸和危重症医学科主任王广发，作为首批赴汉的国家专家组成员被确诊新冠肺炎后，在微博发文回顾了自己的发病过程。据王广发医生回忆，自己最早出现的症状是左下眼睑的结膜炎，由此高度怀疑病毒是先进入结膜，而后再到全身。他说：“如果这个推测成立，则我的防护盲点就是没有戴防护镜。”

王广发医生的提示，在当时释放出一个至关重要的信号：新型冠状病毒存在通过眼结膜传播的风险！[1]

---

[1] 随着对病毒的研究日益深入，医学团队先后在临床和实验中发现新冠病毒通过眼结膜途径传播的证据，王广发医生的推测也得到了证实。

一时间，护目镜全网告急！

因缺少医用护目镜，医护人员用保鲜膜包裹头部上前线的新闻，一度揪痛了无数人的心。

在物资最紧缺之时，李克强总理亲赴武汉考察疫情防控工作。1月27日，在武汉召开的疫情防控工作会议上，李克强总理说：

“刚才你们提出的请求都已按要求正在落实，在前期已调集医务人员和物资的基础上，两天内还将有2,500名医护人员特别是护士增援武汉，20,000个医用护目镜今天下午即可运到，武汉每天需要的医用防护服有关方面会采取多种措施加以保障。下一步你们还有什么需求，无论是人员、物资还是资金，国家都会特事特办、动员力量、加大支持，前方指导组将继续做好统筹协调。湖北省和武汉市要压实责任、守土有责，全力以赴抓好疫情防控这件头等大事，及时公开透明发出权威信息、回应社会关切，努力把发病率、死亡率降下来，有力有效控制疫情，守护好人民的生命和健康。要在以习近平同志为核心的党中央坚强领导下，坚决打赢疫情防控阻击战。”

恐慌蔓延的时刻，总理的一席话有如一颗定心丸，起到了稳定军心的作用。

但鲜少人知，这首批驰援湖北的2万个医用护目镜，是来自长江商学院校友的捐赠——他们还有一个“神秘”的代号：245282。

代号“245282”，集结完毕！

时光倒流到一周前：2020年1月20日晚，悉尼。

经历了10余个小时的漫长飞行后，黄正林（长江商学院EMBA24期5班校友、公益委员，苏州创汇智信息技术有限公司董事长）的航班终于着陆。呼吸到澳洲空气的一瞬间，他的心情也跟着松弛下来，忙碌了一整年，终于可以趁着春节陪家人度过一个阳光海浪沙滩的美妙假期了。

可惜，这种轻松的心情没有持续多久，当天深夜，黄正林就刷到了那条令所有中国人倍感不安的新闻——

钟南山院士肯定新型冠状病毒性肺炎存在人传人现象。

“希望不要太严重啊！”黄正林心想。那时，他和许多人一样，虽然隐隐感到一丝不安，但还是倾向于往乐观的方向去想。孰料，接下来的短短两天时间，形势就急转直下，确诊病例接连攀升，且呈现从武汉市向全国蔓延之势。

1月22日，黄正林的微信群“长江兄弟会”里弹出一条消息：“兄弟们，现在湖北形势不大好，疫情比想象中严重，大伙儿能不能一起想办法帮帮忙？”

发消息的人，是黄正林在长江商学院的同班同学鲍传桐（长江商学院EMBA24期5班校友，鑫泉集团创始人）。作为湖北宜昌的一名企业家，鲍传桐在几天前就察觉到宜昌各大医院和药店的口罩、消毒水

EMBA24期5班公益委员会部分校友合影

等物资出现了短缺情况，整个城市弥漫着一种山雨欲来的紧张感。他不由想道："宜昌医用物资都这么紧缺了，疫情最严重的武汉该怎么办？"于是，他第一时间在"长江兄弟会"群里发出了求助信号。

"长江兄弟会"是EMBA24期5班的公益委员会群，群成员共10人，除了黄正林和鲍传桐，还有薛飞、彭琛豪、辛全东、孙望平、姚督生、曹海兵、马飞、叶桃8位同学。这是长江商学院的一支明星公益小分队，2016年，他们为渐冻症患者拍摄的微电影《又见桃花》，曾在公益圈和校友圈引起热烈反响。也正是因为经常一起做公益，10个人在同学之外，更成了志同道合、肝胆相照的好兄弟。

当下，看到鲍传桐的求助信息，群里一下子沸腾起来。同学们纷纷询问他的近况，问怎么做才能帮上忙……

“我们首先想到的，就是一定要保护好前线的医护工作人员。如果医护人员的安全都无法保障，病人的生命要靠谁来守护？”黄正林说。虽然身在澳洲，但他一直密切关注着国内的新闻，“其实早在钟南山院士发出预警的时候，已经有14名医护人员感染了，就是因为没有做好防护。”

于是，校友们很快明确了帮助湖北一线医护人员募集防护物资的目标。接下来，大家开始推理：了解前线最需要什么物资？从哪些渠道可以买到这些物资？采购物资的资金从哪里来？……

在发动身边资源解决这些问题的过程中，EMBA28期2班的四位校友吴明远、黄俊、来超、张宏武和EMBA24期2班校友姚硕榆，MBA08级校友黄开华，MBA15级校友马俊浩也主动加入进来。至此，“长江兄弟会”成员从10人扩展至17人，代号为“245282”的紧急援助行动小组全员集结完毕！

除夕夜，紧急驰援！

“245282”团队组建完毕后，大家群策群力，迅速制定了一套援助方案：在长江校友中发起公益募捐，同时组建执行团队，分工协作，负责募集善款、寻找货源、物流配送、医院需求对接、善款管理等事宜。

分工完毕，大家立刻投入行动——

1月23日，鲍传桐、黄正林开始操刀撰写募捐倡议文案，黄正林请来自己公司的设计师协助海报设计；1月24日23点30分，在除旧迎新的爆竹声中，“245282”公益团队正式发起《武汉加油！湖北加油！长江人在行动》募捐救灾倡议。

此刻，有多少人牵挂武汉，就有多少人一夜无眠。在国内，24期5班班长薛飞正在各大校友群里转发倡议；万里之外的悉尼，已是子夜一点半，黄正林一刻不停地操作着手机，转发、呼吁……同一时间，接收到信息的长江校友纷纷伸出援助之手，1万，5万，10万……最终，在153位长江校友的爱心接力下，累计筹款额达到1,284,692.99元！

令黄正林尤为感动的是EMBA35期新入学的多位师弟师妹也参与了这次募捐。其中，EMBA35期5班的谢伟藩、周创和EMBA 35期1班的王燕同学，都以个人名义捐赠了5万元。“他们真的是刚刚加入长江，就已经在用实际行动支持公益了。”黄正林说。

这边，薛飞、黄正林牵头的捐款目标超额达成，那边，彭琛豪和黄俊早已四处寻找物资采购渠道。

在全球防护物资都非常紧张的形势下，彭琛豪（长江商学院EMBA 24期5班校友，上海国象网络科技有限公司创始人）发挥自己在长三角地区的资源优势，在短时间内联系到浙江省永康市一家医用护目镜生产公司，并第一时间“抢购”下他们剩余的全部库存——21,750个护目镜！

“那时护目镜已经全网告急了，所以我们没有任何犹豫就全部买了下来。这个病毒太狡猾，要保护好一线医护人员，就不能漏掉一个盲点，不能给病毒任何可乘之机。”彭琛豪说。他的大学时代是在武汉度过的，他的妻子也是武汉人，他早已视武汉为第二故乡。那里生活着他的许多亲人、同学、朋友，所以他也无比迫切地想帮助武汉渡过这次难关。

货源问题解决，新的问题随即出现：如何用最快的速度把这批护目镜送到湖北一线医护人员手中？

又一次，彭琛豪发动自己在武汉的人际关系，致电在湖北担任顺丰高管的老友，介绍完情况后，对方二话不说，立刻和顺丰总部协调，火速调来一辆顺丰货运专车到永康。1月25日晚，这批护目镜从永康星夜驰往杭州萧山机场；在杭州萧山机场，另一架顺丰专机已在等候，装载完毕即刻启程飞往武汉天河机场！

1月26日下午2点，长江校友捐赠的21,750个护目镜顺利抵达武汉天河机场，这也是全国首批抵达湖北的护目镜救灾物资。长江商学院湖北校友会志愿者团队早已在机场等候，签收完毕，他们立刻将这一批护目镜分发派往武汉及湖北其他城市各大医院。

1月27日，就在李克强总理来武汉考察的当天，“长江兄弟会”微信群里也接收到了来自一线的反馈，看到前方医护人员戴上护目镜的照片，每位校友都感动得热泪盈眶。

“和一次性防护用品不同，医用护目镜经过消毒后是可以反复使用的。所以我们每捐赠一个护目镜，就等于定向帮助到了一个人。想到很多一线抗疫英雄用的护目镜，可能都是来自我们的捐赠，我真的感到很自豪很荣幸。”黄正林说。时至今日，谈及这次紧急行动，他还会感到心潮澎湃，但他还有一点小小的遗憾，“我们捐了这么多护目镜，但迄今为止我都没有亲眼看一看、亲手摸一摸，等到疫情结

“245282”公益团队捐赠的医疗物资陆续抵达各大城市抗疫一线

束，我一定要买一个回来珍藏着。”

第一批护目镜送达前线后，“245282”公益团队没有就此止步。

当初，彭琛豪联系到浙江永康护目镜生产公司时，除了买下全部库存，还预定了未来一个月的产能，工厂紧急召回工人返岗生产，每天生产的约4,000个护目镜，继续经由长江校友源源不断地送往全国各大城市抗疫一线。

此外，校友们还将护目镜渠道共享给了其他长江校友和社会爱心人士，他们则作为志愿者协助沟通对接。

在组织护目镜捐赠的同时，另一位校友黄俊（长江商学院

EMBA28期2班校友，好屋中国联合创始人）也在除夕当天联络到山东一家医用手套生产厂家，同时采购到50万副一次性医用手套捐至湖北，并在1月26日至1月28日分批派送至武汉、天门、随州、襄阳、宜昌、荆州、荆门、仙桃等8个城市的多家医疗机构。

从1月24日至2月15日，22天时间里，执行团队夜以继日，共计采购发运护目镜152,830个（含执行团队直接捐助、协助长江校友和社会爱心人士捐助）、医用手套50万副，覆盖全国26个省、91个市/区、359家医院/机构。

其中，执行团队直接采购捐助：

护目镜42,600个，覆盖14个省、43个市/区、90家医疗机构，其中湖北省29,370个（占比69%），覆盖12个市、19个区/县，33家医疗机构；医用手套50万副，全部捐赠于湖北地区，覆盖8个市、50家医疗机构。

在这22天的时间里，“245282”公益团队的核心成员也经历了一个堪称“魔幻”的春节——

身在湖北的鲍传桐，有一段时间陷入了两极的情绪中：一面因频繁关注疫情信息焦虑得整夜难眠，一面又因校友们的关心和帮助感动得几度落泪；

负责采购协调物资、调度跟进物流的彭琛豪，因为需要不停地打电话发信息，为了不影响家人也不被干扰，从大年初二起搬去了公司的办公室处理事务，晚上就在公司对面的酒店下榻；

还有身在悉尼的黄正林，为了配合国内校友的时间，他的生物钟变成了凌晨5点休息，上午11点起床。虽然忙碌到没有时间兑现陪伴妻儿度假的承诺，但他也有了意外收获："我很幸运，我的家人都很理解我，支持我。尤其是我的儿子，不但没有责怪我没有陪他，还以我为骄傲，说我是他的英雄。"

疫情，令人悲伤，也令人更团结坚强。在这个特别的春节，"245282"公益团队的校友们都深深体会到了：有一种感觉叫荡气回肠，有一种情怀叫"此生无悔入长江"！

聚是一团火，散是满天星

"聚是一团火，散是满天星。"这是鲍传桐曾用来形容5班十兄弟做公益的一句话。在他看来，长江校友做公益最独特的优势在于，长江校友都是各自行业和领域内非常有影响力的企业家，依托企业影响力和个人影响力，能够以己之力带动身边更多的人做公益，并乐于探索用商业模式和创新思维做公益的路径。

在抗击新冠肺炎的行动中，"245282"公益团队也再度诠释了这句话的含义——

组团作战，他们能迸发出集体的强大势能；单兵作战，每位校友也能发挥个人能动性和社会影响力，撬动最广泛的爱心力量的参与。

疫情暴发后，鲍传桐不仅在长江校友群发起了公益倡议，还积极联络了清华校友、阿拉善生态协会会亲、全国鲍氏宗亲、长江读书会、西陵工商联、西陵光彩事业促进会等社会各界朋友，呼吁大家发动自己的人脉和资源支持抗疫；作为湖北宜昌的一名企业家，他也以个人名义为宜昌市和当阳市的一线医院捐赠了爱心善款和医用口罩、医用护目镜等物资。

祖籍湖北天门的校友黄俊，今年春节本来预定了除夕当天经武汉天河机场中转回天门的机票，却因武汉封城无法成行。在疫情暴发后的第一时间，他拿出身上的全部现金，在苏州采购了一批医用物资运回天门捐赠给当地医院；此后，黄俊还发动企业的海外渠道，从东南亚陆续采购了多批防护物资捐往湖北。

另一位同学孙望平，在参加“245282”团队的行动之余，更发动企业员工积极寻找各种海外渠道，终于采购到4万多只在当时无比稀缺的KN95医用口罩，分别捐赠至宜昌和随州的一线医院，解了当地医疗机构的燃眉之急。

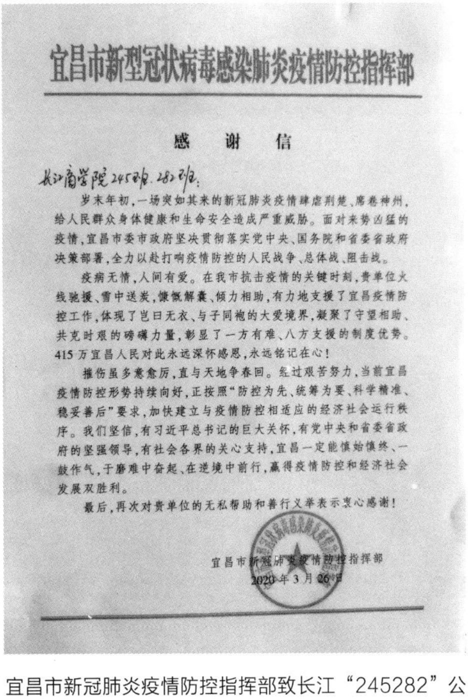

宜昌市新型冠状病毒感染肺炎疫情防控指挥部

感　谢　信

长江商学院245班.282班：

岁末年初，一场突如其来的新冠肺炎疫情肆虐荆楚、席卷神州，给人民群众身体健康和生命安全造成严重威胁。面对来势凶猛的疫情，宜昌市委市政府坚决贯彻落实党中央、国务院和省委省政府决策部署，全力以赴打响疫情防控的人民战争、总体战、阻击战。

疫病无情，人间有爱。在我市抗击疫情的关键时刻，贵单位火线驰援、雪中送炭，慷慨解囊、倾力相助，有力地支援了宜昌疫情防控工作，体现了岂曰无衣、与子同袍的大爱境界，凝聚了守望相助、共克时艰的磅礴力量，彰显了一方有难、八方支援的制度优势。415万宜昌人民对此永远深怀感恩，永远铭记在心！

摧伤虽多意愈厉，直与天地争春回。经过艰苦努力，当前宜昌疫情防控形势持续向好，正按照“防控为先、统筹为要、科学精准、稳妥善后”要求，加快建立与疫情防控相适应的经济社会运行秩序。我们坚信，有习近平总书记的巨大关怀，有党中央和省委省政府的坚强领导，有社会各界的关心支持，宜昌一定能慎始慎终、一鼓作气，于磨难中奋起、在逆境中前行，赢得疫情防控和经济社会发展双胜利。

最后，再次对贵单位的无私帮助和善行义举表示衷心感谢！

宜昌市新冠肺炎疫情防控指挥部

2020年3月26日

宜昌市新冠肺炎疫情防控指挥部致长江“245282”公益团队的感谢信

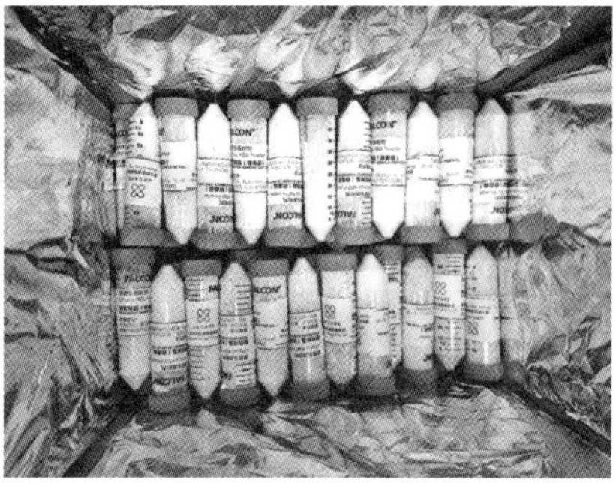

黄正林校友捐赠的澳普乐施喷剂从澳洲飞往武汉

兼任长江商学院澳新校友会公益委员的黄正林，则利用在澳洲的信息和人脉资源，开拓了一种创新的抗疫方式——

参加护目镜驰援行动时，黄正林就在思考："扬汤止沸，不如釜底抽薪。有什么方法可以从源头上遏制病毒呢？"这时，他关注到澳洲本地的一则新闻：一种名叫UPplus KBD Spray（中文名：澳普乐施）的药品经澳洲药监局批准作为广谱抗呼吸道感染的喷剂，已给新冠肺炎确诊病人及多名疑似感染的家庭成员使用，并辅助治疗至痊愈出院。

抓住这条线索，黄正林多方联系，得知这是澳大利亚莫纳什大学医学院一位名叫肖志成的华裔教授的科研成果。2月1日，黄正林从悉尼起飞，前往墨尔本莫纳什大学拜访肖志成教授，通过资金支持等方式帮助医学团队快速投入大规模生产，并与教授达成了优先捐赠武汉疫区的约定。2月26日，首批投产的920份澳普乐施喷剂从澳洲飞至武汉，在王辰院士等医学专家的指导下，这批药品已用于临床测试，支持一线医护人员抵御病毒！

在这场全民战疫中，这样的校友故事还有很多很多……长江这条爱心的江河之所以能奔腾不息，正是因为校友们用团结又开放的态度，把公益的触角伸展到了力所能及的每个角落，最终蓄起了庞大势能。正如校友彭琛豪所言：在长江商学院，公益可以是一种共识、一种凝聚力、一种团队精神，公益也可以让每一位校友的特质、能力、责任感发挥得更淋漓尽致。都说“无公益，不长江”，其实何尝不是“有公益，更长江”！

对话“245282”公益团队

Q：在这次抗击新冠肺炎疫情的公益行动中，您觉得长江商学院校友展现出来的最独特的优势是什么？

鲍传桐：这次疫情暴发突然，护目镜、防护服、口罩、消毒液等各类医用物资都严重匮乏，多亏了校友们齐心协力的帮助，解了湖北的燃眉之急，非常感谢大家的善举，大家的帮助让我感到了振奋和温暖。希望疫情结束后，同学们能来湖北赏景游玩，让我们尽一尽地主之谊。

用商业的模式做公益，用公益的情怀做企业，这是每个长江校友共同奋斗的愿景和目标。现如今，随着校友数量的不断增加，做公益的队伍也在不断壮大，我很庆幸也很自豪能成为长江校友中做公益中的一员，我也希望大家能带着创新与合作的企业家精神，共同将公益事业可持续地做下去。公益的发展需要跨界合作，不同行业背景的人会带来不一样的思维方式，同时也有不一样的人脉和资源，这次抗疫就充分体现了这一优势。

黄正林：首先是共识。在长江商学院，公益是必修课，每位校友都修过公益学分、完成过公益学时，所以普遍达成了对公益、对慈善的共识，彼此间也达成了信任。每次我们发起公益活动，大家都很主动很积极，这次捐款也是，一说是支援疫区，不需要矫情、煽情，就一呼百应。

第二点比较好理解，因为长江校友都是企业家和企业高管群体，所以相比大多数人，在能力和资源方面还是有优势的，这一点从我们校友的单笔捐赠额度、寻找货源和物流配送的效率上都可以体现出来。

最后，在我看来，长江人做公益对自己的要求会更高一些，比如我们会想做一些不一样的公益，做一些创新的公益。这次抗疫，前期大家都在捐赠物资，我们也在捐，后期我们就会想，怎么做出差异化呢？最后我们做了两件事：一是做增量，既然全国医疗物资只有那么多，那我们就去海外采购（那时海外疫情还没有暴发，物资相对没有那么紧缺），同时我们也在国内做一些增量，比如我们有一位校友把自己工厂的机器改造成了口罩生产机，这样就提高了国内的产能；二是从源头上遏制，比如我们捐赠药品，直接帮助病人。这个药剂目前看来的确是有效的，后期意大利政府和澳大利亚政府也广泛使用了这款药剂。

黄俊：长江校友都是各个领域的优秀企业家，大家一起整合做公益，响应快、势能强。在这次抗疫行动中，我看到所有人都是很无私很忘我的状态，大家只有一个目标，那就是把事情办成办好，真正帮助到疫区。还有在执行的过程中，大家有货源的找货源，懂产品鉴定的做产品鉴定，能对接到医院的对接医院……虽然我们都不是专业的公益人，但大家都在做各自擅长领域的事，到最后配合得还是很好的。

Q：国难当前，您觉得企业家应该有怎样的担当？

黄正林：一言以蔽之，能力越大，责任越大。不妄自菲薄地说，我们长江校友算是社会的精英群体了，国家有难，民族有难，我们这些有能力有资源的人必须做点什么。当然这也是一个互为因果的关系，一个没有担当、没有责任感的人，他的企业也做不到很大格局的。

彭琛豪：每个企业家都肩负着两重责任：一是经营公司、创造财富，这样他才能照顾好员工，照顾好家庭，才能履行纳税义务，对国家有所贡献；二是更高意义的社会责任，不管是支援汶川地震还是抗击疫情，企业家都义不容辞，同时还要有能力，有前瞻性、领导力、执行力，这样才能真正把好事办好。做企业需要智慧，做公益同样需要智慧。

鲍传桐：我的人生信条是：感恩、担当、公益、奉献。我做企业也是奉行这八个字。中国传统文化历来推崇济世救民、胸怀天下的儒商精神，长江商学院也一直把企业家人格的塑造和培养作为重中之重。在公益文化的熏陶下，在公益实践的探索中，我觉得企业家应不断提升个人视野和思维，积极主动地加入公益事业当中来，带着社会担当和家国情怀去做企业，协调社会资源，惠及国家和社会。同时，我认为做公益既然走出了第一步，那么接下来的99步甚至更远的路途都要坚定地走下去，这是所有胸怀使命与未来的企业家不容推卸的责任，我们应该始终对公益事业怀有一颗初心。

Q：可否谈谈您印象中的长江公益文化？经此一“疫”，您对“无公益，不长江”这句话是否有了一些新的感悟呢?

鲍传桐：我现在依旧记得2014年我入学的时候，长江商学院社会创新与商业向善研究中心主任、EMBA项目学术主任朱睿教授开讲的第一句话：“公益应该是非常有爱心的事情，不需要总是愁眉苦脸地帮助受难的人，可以用创新的方法达到更好的效果，用创新的方式做公益。”就像这次抗疫，大家没有见面，仅仅只是通过互联网便完成了联络、筹集、订货、下单、配货等一系列流程，最终在很短的时间内筹集到大量善款和医用物资。

为什么我们之前都没有过抗疫的经验，甚至大多数同学都是企业高层，并没有做过这么细致的类似于订货、催单的事情，却能在这么短的时间内通过合作救助湖北？我觉得就是受到了长江公益文化的影响。在长江商学院，通过公益创新思维的启迪，我和其他校友之间产生了深度的链接与合作。

“无公益，不长江”，我认为是长江公益文化的最佳诠释，学校极力倡导、鼓励大家一起做公益，并且把做公益作为学习和提升自我的一部分，使得公益文化融入每一位长江人的血液里，变成了每位同学即使毕业后也难以割舍的情愫。

黄俊：坦率地说，其实最初在长江做公益，出发点就是为了完成公益学时好毕业，但是在实际做公益的过程中，尤其是深入了之后，这个想法就变了。我记得2016年我们跟着28期校友谢美华去四川广安做大学生资助计划，资助了10个大学生，然后就看到了这些孩子的成长和变化，那时我意识到，原来我们一点微薄的力量，可以给他们带来这么大的影响，这么大的帮助，后来我们就持续做了下去，未来我们也会持续做下去。加入长江后才真正感觉到，一个人的能量可能是有限的，但是这么多志同道合的人一起去为社会做点事情，势能真的是很强大的。

黄正林：在长江商学院，很多班级、很多地方校友会都有自己的公益项目，可以说有成百上千个公益项目，从前我们或许没有那么多精力去参与、关注到每一个项目，但是这次疫情暴发后，大家都在做同一件事，身在同一个战场，为了同一个目标并肩战斗，可以说，经此一疫，我们不仅仅是校友了，我们已经变成了战友。

本文作者：金越

案例点评

同为突发事件，与自然灾害和生产事故相比，传染病引发的疫情等公共卫生事件更为复杂，社会影响面大，专业性要求高，不确定性强，应对起来的难度也就更大，甚至很多时候社会志愿力量不知从何入手。但毋庸置疑的是，应急物资是刚需。应对突发事件，应急物资就是战略物资，决定抗疫之成败，事关人员之安全。本案例中长江学员的可贵就在于：紧急状态下挺身而出，对疫情中人们的遭遇感同身受，快速回应前线需求，动员一切可以动员的力量，将护目镜等应急物资第一时间运输至抗疫一线，构筑起防护医护人员健康和安全的防线。

企业家精神中最为可贵的首先是责任感，这种责任感在应急状态下显得尤为宝贵，是一种“我不入地狱，谁入地狱”的担当。本案例中的企业家大多并不属于医疗行业，对于医疗物资的了解程度也与常人无异。驱动他们如此积极应对的，责任和担当首当其冲。在最短时间内组成一个志愿者团队，分工合作，又要学习医疗物资的必要专业知识，并组织物流运输和发放到一线医疗机构，这一系列活动貌似简单，但是在应急状态下，常规市场机制失灵时，却挑战着这些志愿者的智慧、能力和毅力，企业家精神中的学习精神、合作精神和工匠精神因此得以彰显。

疫情应对中，校友会的价值和功能不容忽视。如果说信任是市场机制发挥作用不可或缺的因素，那么公益更是如此，从捐款到最后物资发放的每一个环节均离不开信任。而校友之间的信任尽管有别于基于血缘、地缘的群体之间的信任，却也因具有特殊纽带而非常坚固。这一志愿者团队就是基于共同就学于长江商学院的经历，为彼此之间信任关系的构建奠定了基础。这次疫情应对中，校友组织的动员能力让人刮目相看的原因也在于此。

金锦萍（北京大学法学院副教授，
北京大学非营利组织法研究中心主任）

科技战疫，点亮方舱

——长江“闪电侠”是怎样炼成的

谁来点亮方舱?

2020年2月，武汉新冠肺炎疫情持续蔓延，一床难求之际，王辰院士提出了建造“方舱医院”的关键之举。从2月3日起，武汉全面着手建造方舱医院，集中收治新冠肺炎轻症患者。这种临时改造的应急模式医院，一时间也成为全民关注的焦点。

2月中旬，一则“方舱医院停电”的新闻在网络上引起热议——

2月13日上午10点左右，武汉东西湖方舱医院突然停电，现场一片黑暗。但现场并未陷入混乱，在医护人员的引导下，患者们开始有秩序地原地活动，有的患者主动举起手机为正在工作的医护人员照明，有的患者在此时表达了对医护人员的谢意，黑暗中，大家高喊着“中国加油！武汉加油！”，唱起了《我和我的祖国》……

这则新闻让许多人感觉既温暖又心酸。

大疫之下，这般和谐融洽的医患关系倍显珍贵，却也折射了方舱医院的供电难题——武汉方舱医院大多由会展中心、体育馆等场所改造而成，原址电路很难满足医院的供电需求，作为紧急临时搭建的场所，一般也不全面改造电路。时值正月隆冬，一所方舱医院要容纳数百张乃至上千张床位，仅供暖一项就要耗费大量电力，加上患者和医护人员的生活用电、医疗用电，极大的供电压力之下，超负荷跳闸现象时有发生。

倘若无法保障方舱医院的电力供应，不仅会影响医护人员和患者的日常生活，也不利于患者的康复，甚至可能因医疗设备无法正常使用影响救治工作的开展……

如何解决方舱医院的供电难题？

有一位长江校友，在收到来自武汉方舱医院的求助函后，化身“闪电侠”，在两天内为方舱医院送去了光和热！

他的名字叫王雷，一位专注于移动储能电源设备研发的科技控，一位对武汉疫区倾囊相助的青年企业家。

长江商学院智造创业MBA二期校友，深圳正浩创新科技有限公司创始人及董事长王雷

“闪电侠”的闪电救援

今年32岁的王雷，拥有一份相当“硬核”的简历：

2006年，他以高考664分的成绩考入香港理工大学机械工程系，连续四年拿下全额奖学金；

2010年，本科毕业后，王雷进入香港大学机械工程系直接攻博，研究方向是新能源储能电池技术；

2014年，博士毕业后，王雷入职深圳大疆创新科技有限公司，创立了大疆电池研发部并负责大疆全线产品的电池研发工作；

2017年，王雷在而立之年前创办了自己的企业——深圳正浩创新科技有限公司（EcoFlow Technology Ltd，以下简称“EcoFlow”），其自主研发的移动储能系列产品在紧急备用能源、医疗设备救援队、公安巡防、户外作业、移动办公等方面都有很大的便利性，曾荣获Forbes 30 Under 30 Energy、iF设计大奖、红点设计大奖等多项荣誉，并创下日本Makuake平台历史最高众筹纪录。

2019年，EcoFlow完成了A+轮融资，王雷原本计划在2020年加强生产进一步扩大市场，却因突如其来的疫情迟迟无法复工。所幸年前赶工积累了一批库存，靠着这批库存也许可以勉强挺过这个漫漫寒冬。

2020年2月5日晚，王雷正在为推动企业复工忙得焦头烂额之际，接到一位资深合作伙伴的电话——对方是武大校友，正在为抗击武汉疫情四处联络资源，因为对EcoFlow旗下的产品非常熟悉，他找到了王雷，咨询EcoFlow的产品可否用于帮助武汉方舱医院解决供电紧张的难题。

王雷听完，第一反应就是："一定用得上，我立刻安排捐赠。"

电话另一头，合作伙伴又问道："你们也是创业公司，这样会不会给你们造成财务上的压力？"

这一次，王雷回复了8个字："家国有难，义不容辞。"

2月6日一早，王雷开始组织员工盘点公司库存，同时和前一晚致电给自己的合作伙伴一起联系到武汉市新冠肺炎疫情防控指挥部，主动请缨："如有需要，愿无偿为方舱医院捐赠移动电源设备！"在得到相关负责人"非常需要"的回复后，他们确定了对武昌方舱医院和洪山区方舱医院两所方舱医院的捐赠意向。

随后，王雷打通了他在长江商学院的导师甘洁教授（麻省理工学院博士，长江商学院金融学教授，金融与经济发展研究中心主任，校友事务副院长）的电话，告诉她自己决定捐赠方舱医院的想法。

"公司能挺过去吗？"甘洁教授问。

"挺得过去。"王雷答。

"好，那我们就全力来做好这件事。"甘洁教授说。挂断电话，她便开始联络长江商学院在武汉的校友，同时致电一位长江老校友——曾任民政部救灾救济司司长的王振耀院长，通过他们联系到武汉方舱医院的具体负责人，了解方舱医院现场状况如何，有哪些场景需要提供补充用电……

EcoFlow 移动储能设备星夜驰援武汉

所有得到的信息，她都一一反馈给王雷：其中，武昌方舱医院由武昌区洪山体育馆改建而成，洪山区方舱医院由洪山区石牌岭高级职业中学改建而成，两所方舱医院均设置床位800张，但受制于体育馆和学校的原址电路规划，医护人员和患者可使用的电源接口远远不足。加上两所方舱医院均处于建成初期，医疗设备、电热毯、通信工具、小家电，乃至救护车上的呼吸机等抢救设备，救护车下的移动救护点等地点均需接入外部电源提供补充用电。

根据两所方舱医院的实际情况，王雷匹配了EcoFlow旗下多种功率、可应对多种场景的RIVER、EFDELTA、RAPID等产品，并决定将每款产品的现有全部库存——总计价值140万元的1,004台移动储能设备倾囊捐赠而出！

2月7日，王雷正式收到武昌区新型冠状病毒感染肺炎疫情防控指挥部的求助函，开始办理入汉通关文件。但一个棘手的问题也随之浮现：在实施战时交通管制的情况下，普通物流公司无法承接派往湖北武汉的订单，怎么才能用最短的时间把如此大批量的设备运到方舱一线呢？

当天下午，王雷在朋友圈发出物流求助信息。信息发出后不久，一位朋友的朋友打来电话，对方是顺丰集团一位重要合作伙伴，在得知这是支援疫区的重要物资后，主动表示可以帮助调配顺丰专车，并一力承担全部物流费用。至此，物流问题成功解决，而此时距离王雷在朋友圈发出求助信息仅过去了一个半小时。

2月8日，所有设备完成复检、充电、打包、装车，从广东启程星夜驰往武汉！

2月9日晚，1,004台移动储能电源设备分别运抵武昌方舱医院和洪山区方舱医院一线，正式投入使用。

这批雪中送炭的“超大充电宝”，被广泛用于方舱医院的各种场景，真正缓解了方舱医院的供电压力——

其中，功率最大、充电两小时就可为90—140部手机充满电的EFDELTA，被重点应用于为救护车、救护车落点的医疗设备仪器，方舱医院内的电暖气、电热毯、空气净化器，医生办公室的电脑、打印机，公安干警临时岗亭的电水壶、对讲机等电子通信设备供电；

EFDELTA在方舱医院的部分应用场景

拥有9个输出端口的RIVER，主要被用作方舱医院患者的手机集中充电站，同时为后勤保障部的电脑、打印机，公安干警宿舍的日常电子设备，医护团队户外培训的音响设备等供电；

体积最轻巧、最便携的RAPID+和RIVERBank，则用于为公安干警巡逻中的日常电子设备手机、电子表等供电……

RIVER在方舱医院的部分应用场景

RAPID+和RIVERBank在方舱医院的部分应用场景

在这次驰援方舱的紧急行动中，王雷不仅展现了“闪电侠”的速度，更淋漓诠释了“侠”之一字的道义担当——

对正处于创业期的王雷来说，这批库存本可以帮助公司抵御这次疫情导致的经济危机，但在得知前线有需要时，他不仅捐出了储备的库存，还将一批海外订单产品和一批已完成质检但未及包装的产品，全部捐赠而出。他说：“订单可以赶工生产，经济可以逐步恢复，但控制疫情和救助生命，是真正的刻不容缓。”

当初，在确定了对武昌方舱医院的捐赠意向后，王雷又考虑到，既然一家方舱医院有移动电源的需求，其他方舱医院肯定也有这个需求，所以再次多方联络，最终将捐赠范围从一家方舱医院扩大至两家方舱医院。

在了解到方舱医院的管理人员和医护人员每天都超负荷工作之后，王雷不希望也不愿传导给他们任何压力，所以在遭遇物流难题时，没有把问题抛给方舱，而是发动自己的人脉资源来解决。同时，他提前联络到武汉的一支民间志愿者车队，在捐赠设备抵达顺丰武汉中转站后，第一时间将它们送至方舱一线。

在一些容易忽视的细节问题上，王雷也考虑得极为周全：一般电子设备的出厂设置都设定在30%—50%的电量，但是为了让方舱医院的工作者和患者能够最高效地用上这批移动电源，王雷在发货前为每一台设备都充满了电；为确保这批设备能真正为方舱医院带去便利而非添乱，他和方舱医院的后勤保障工作人员组建了一个微信反馈群，以防出现问题时第一时间协助解决——虽然，直至方舱医院全部休舱，这批移动电源设备都无一故障。

从接到捐赠需求到完成捐赠，王雷像一只陀螺，每天不眠不休地运转。但是他说："能够让方舱医院的病人在寒冷的冬天睡到暖和的电热毯，能够让医护人员喝到一杯热腾腾的开水，让我觉得自己开发的技术和产品，有了更温暖的意义。我也觉得很庆幸，还好我远隔千山万水，仍然可以帮助到他们。"

在这次驰援方舱的公益行动中，王雷在释放善意，同时也在接收善意。他说："单凭我一个人的力量是无法完成这次捐赠的，其中还融入了许多人的善心。一开始的捐赠决定，不是一个人可以拍板的，我需要征求其他股东的同意，他们也都非常支持；还有帮助解决物流问题的那位朋友，我们素昧平生，但他在关键时刻选择了信任我们，帮助我们；还有我的导师甘洁教授，我们每天都会通电话，她一直帮我出谋划策，帮我对接武汉当地的校友和资源，关心捐赠落实情况，关心我和公司的情况……做公益大概就是这样，一旦上了路，就会找到同行者。”

2020年3月10日，武昌方舱医院正式休舱，累计收治患者1,124人；2020年4月7日，洪山区方舱医院正式休舱，累计收治患者368人。王雷捐赠的移动储能设备也完成了在方舱医院的战疫使命，未来，它们将继续为武汉医疗机构的供电保障工作发光发热。

此时，距离武汉解除封锁已不足24小时。

天，快亮了。但是那些在黑暗中为我们点亮灯火的人，永远不会被遗忘。

中国智造和科技兴国

“在这次驰援方舱的行动中，王雷同学不仅表现出了莫大的爱心，也表现出了非凡的勇气，让我很惊喜和欣慰。”甘洁教授如是说，并这样评价王雷，“他是一个学习能力很强又乐于学习的人。他接受过非常好的教育，自己的技术也很强，在大疆积累了丰富的工作经验，结识了一群志同道合的伙伴，这些为他的创业打下了扎实的基础。更难能可贵的是，他还有一颗柔软的赤子之心，我们长江非常愿意培养这样的企业家人才。”

作为长江商学院智造创业MBA（简称“METI”）二期班学员，王雷和长江的缘分或许早已注定。因为他们有着无比契合的特质：仰望星空的人文理想和脚踏实地的硬核实力。

早在2010年，王雷的本科毕业设计作品——帮助中风及肢体受伤病人恢复运动能力的可穿戴式智能医疗机械手臂，就荣获了香港理工大学最佳毕业设计，并拿下香港某知名工程项目大赛的冠军。这种在类似超级英雄电影的炫酷黑科技中注入关注现实、关注弱势群体的人文温度的设计，也在潜移默化中渗入王雷的研发理念。

2017年创业以来，王雷团队研发的移动储能设备作为可持续清洁能源，为无人机爱好者实现了跳脱地心引力看世界的浪漫幻想，为户外爱好者创造了在原始自然中也能享受现代便利的美好体验，为公安巡防、移动办公、户外作业等领域专业人士的工作顺利开展提供了极大便利，也在各种灾难应急场景中发挥了巨大作用——2017年，美国波多黎各飓风导致全岛停电，EcoFlow产品被用于帮助岛上居民解决生活供电难题；在地震频发常导致大面积停电、移动储能设备成为家庭必备品的日本，EcoFlow产品也广受欢迎；2020年驰援武汉方舱医院的公益行动，则是EcoFlow产品在国内首次大规模投入使用，能以这样一种形式为祖国发光发热，让王雷感到无比荣幸。

本着进无止境的“学霸精神”，2019年，王雷加入了长江商学院智造创业MBA二期班。

智造创业MBA是长江商学院2018年启动的一项在全球商学院都具有独创意义的课程。项目发起人甘洁教授认为，新一轮科技革命和产业变革正在全球范围内孕育兴起，一国之繁荣，维系于该国的先进生产力。制造业强则中国强，中国制造业转型、中国科技创新人才的培养迫在眉睫。基于此，长江商学院、东莞松山湖机器人产业基地和UC-Berkeley工程学院联合推出了全球唯一一个针对科技创业、智能制造、科技创新人才设置的商学院MBA课程。

“这是一个复合式的项目式学习课程，兼有硕士水平的工程教育、商学院教育和创业孵化。”甘洁教授介绍说。每一位METI学员都带着创业项目或构想进入课程，在兼具金融理论和商业实践的创新导师的引领下，开展以项目实践为基础的学习，实现教育和创业过程的有机结合。

在帮助学员从技术人员成长为成熟企业家的过程中，甘洁教授也把“科技兴国”和“中国智造”理念深深植入每一位学员的心中。

王雷犹记得，开学第一课，甘洁教授带领全班同学参观了虎门海战博物馆。他说：“鸦片战争这一段历史，以前我们都是在教科书上学习的，那时主要是从社会制度的维度去解读。这一次，我们这些理工科背景的同学，从纯技术的角度，看到了当时中国的炮火、武器、防御乃至科学理论和西方国家有多大的差距，对方的一艘坚船利炮就可以让我们不战而败。我们所有同学都感到了强烈的震撼，都有一个强烈的共鸣，那就是落后就要挨打。”

如果说，时隔一个多世纪的新冠肺炎疫情也是一场没有硝烟的战争，那么在这次全民战疫中，中国的科技力量已然利剑出鞘——从基因测序工程到人工智能大客流体温检测系统，从远程医疗到远程办公，从智能机器人到大数据平台……都展现出中国自主研发的科技成果在国家危难时刻的强大力量。王雷团队研发的EcoFlow移动储能设备作为高新技术产品，也因驰援方舱的爱心行动，汇入这场科技战疫的时代洪流中。

如今，王雷正带领团队闭关研发，他们摒除外界的纷扰，力求把产品打磨得更极致。王雷说："我是做研究出身的。我所理解的科技兴国是从科技改变每一个个体的生活开始的。科技是能够让过去的不可能逐渐变成可能，科技是能够让需要帮助的人一点点看到生活的希望。这是我做研究的初衷。我在自己擅长的领域一点一滴地做好，为我所在的领域带来更多可能性，这微小的可能性虽然看起来对于整个社会的提升是微观的，但点滴积累起来，随着无数个这样的科创企业的发展，我们这个国家的人民的生活也就会一点点变好了。"

背负着"科技兴国，重担在肩"的使命感，王雷和长江METI学员们正勇敢担当，奋力奔跑。在他们心中，都有一幅美好的蓝图，图景中，有中国智造、亮剑全球的"乘风破浪会有时"，亦有家国有难、科技安邦的"直挂云帆济沧海"！

对话王雷校友、甘洁教授

Q：可以介绍下长江商学院的智造创业MBA课程吗？和传统的MBA课程有什么不同？

甘洁教授：传统MBA课程以培养职业经理人为主，METI项目是为了支持科技领域创新企业的成长。我们之所以发起这个项目，是因为我之前积累了一些创业孵化的经验，在这个过程中我也看到了科技创业公司因为链条长、周期长的问题，经常重复犯的一些错误，也认识到需要一个很好的资源和生态体系去支撑它们成长；同时我也有两位合伙人，一位是香港科技大学的李泽湘教授，他也是大疆董事长，另一位是UC-Berkeley的高秉强教授，他是半导体领域的顶级专家，我们三个人在2014年发起了松山湖机器人产业基地，慢慢形成了一个孵化体系和生态体系，于是我就想可不可以利用这样一个体系，去培育更多的中国科技创业者，支持他们企业的成长，在项兵院长的支持下，长江创立了METI项目。

METI学员都是科技创新领域的创业者，所以我们还有一个口号：边学习边创业。我们会根据中国科技创新企业的痛点来设计课程，痛点一是如何提升技术，二是如何提升商业智慧，三是如何提供一个创业规划的生态体系，针对这三大痛点，METI课程就把工程教育、商学院教育、创业孵化这三者有机结合了起来。其中工程教育的目标是把前沿的科技落地在他们自己的产品中；商学院教育会在传统MBA课程中拓展出譬如知识产权、从研发到生产的管理、ToB或ToC的营销等课程；创业孵化目前主要利用松山湖基地的孵化资源加以导师的指导，最终METI项目的愿景是培养中国智造的新生力量，让中国成为一个制造业强国。

王雷：我觉得传统的MBA课程可能更适合国家工业化水平或商业水平发展得比较成熟稳定的阶段，或规模较大的企业，它更多的是解决如何从一棵树成长为一片森林的问题；智造创业MBA解决的是如何从一粒种子成长为一棵大树的问题。尤其在中国面临国家经济结构转型的当下，要从低附加值的传统行业升级为高附加值的科创产业，培养具有科技背景的成熟企业家至关重要。所以它是一个MBA，还是一个工程硕士，还是一个创业孵化，这个事情目前在中国应该是绝无仅有的。

Q：公益是长江商学院最重要的文化之一，在您看来，METI同学在做公益方面会给长江带来哪些新的构想呢？

王雷：我们现阶段可能还无法像那些已经非常成功的企业家校友，可以调动很多社会资源去做公益，但我们大概率会从自己的专业背景出发，用自己研发的产品或在自己专注的领域，帮助一些人的生活变得更安全、便捷、美好。比如我们有个METI同学是研发烟雾探测器的，他做过为甘肃农村地区捐赠一氧化碳监测器的公益，去教当地人使用这个仪器来预防煤气中毒，这就是他用自己的专业、技术、产品在做公益。

甘洁教授：我觉得是用科技的手段来实现公益的目的。其实我们发起METI项目就是希望学员将来能够贡献社会，无论是通过提升中国智造的水平还是通过科技在公益场景的运用，最终都是为了让社会变得更好。这次王雷同学的产品能够以这样的方式支援疫情，真的让我感到很欣慰，这一点与METI项目的初衷也是高度契合的。

如果说科技可以兴国，那么也一定是可以科技向善的。目前METI同学作为创业者，首先肯定还是要走市场化的道路，先让企业活下去，再获得更长足的发展，也就能够更好地履行企业社会责任，同时可以以公益心为导向来设计自己的产品，更持续地贡献社会。

Q：您如何解读科技、商业、公益这三者的关系？

王雷：在我看来，科技、商业都是名词，但公益这个词在我脑海中出现的时候，我看到的是一个动作。科技的基础是科学，但近代科学的发展其实只有三五百年；商业伴随着以物换物的出现而出现，商业的繁荣大概也只有一两千年的历史，商业的高度发达在西方是资本主义的发展，在中国则是改革开放以后的事了。公益在这两者还没有出现之前就已经萌芽了，可以追溯到智人进化出同理心的时候。我们看到别人身陷苦难会感到难受，看到境况不如自己的人会忍不住想去帮一把，这种悲天悯人之心，可以说是人性最根本的特质。

至于三者的关系，科技是运用人类的智慧把化学元素周期表上的元素变成有用的东西，然后借助商业的方式去传递价值，科技可以让商业更高效；但科技和商业本身都是中性的，没有善恶之分，只有在公益心的加持下，科技和商业才能发挥出最大的效益，才能真正让生活变得更美好。这就是我们现在倡导的科技向善，商业向善。

Q：这次疫情给各行各业都造成了影响，您觉得对科创企业造成的冲击大吗？危机和机遇分别在哪里？

王雷：科技型的公司，如果是创业公司，我觉得这一次影响应该是蛮大的。因为科技，尤其是创新领域的新技术，如果还没有进行完整的商业化，这个时候需要一个相对温和的环境，需要一定的周期来做商业化的尝试，比如智能驾驶领域，它的商业价值回报一般是以5年、10年为周期的，但是受到疫情的影响，大家都在收紧，资金在收紧，试错的机会也在收紧，对公司的影响就会比较大。

反之是另一类，疫情对科技的召唤。比如华大基因这样的基因科技公司，还有在线会议、线上消费、消毒机器人等领域，都会呈现利好的趋势。

如果我们以行业类型为横坐标轴，以发展阶段为纵坐标轴，找到自己大概的位置，应该就能看清疫情对自己的影响。但在整体上，我认为这次疫情短期是吃紧的，长期是利好的，因为国家的未来发展趋势是扶持科技产业，不过短期内大家还是要有非常强的危机意识，至少我们内部是这么看的。

甘洁教授：目前疫情在欧美地区还在持续蔓延，未来走势如何，会对世界的经济格局造成多么深远的影响，现在谈还为时过早。但是短期来看，我觉得科技含量高的企业，受的影响整体会小一些，因为它的产品具有相对稀缺性。另一方面，有危就有机，这次疫情也会产生一些机遇，比如某种产品有了新的应用场景，或者对某些产品有了更多需求，比如口罩机、抗疫装备等。创业者能不能快速抓住机会，首先要看企业的内功，还有反应速度，但最终还是要落脚到产品，这个才是企业的核心竞争力。

Q：您如何理解“无公益，不长江”这句话？对长江公益和校友公益有哪些思考和期待呢？

甘洁教授：我觉得这代企业家是非常幸运的一代人，在中国经济转型期抓住了机会，积累了一定财富，可以回馈社会，让社会变得更美好。如果说这是企业家的责任，那么我们长江商学院作为企业家的教育机构，也有责任去开展对企业家的公益教育。

至于思考和期待，我们做过一些统计和访谈，长江校友做公益非常慷慨，也非常有情怀，但是另一方面，我也希望看到校友能够更好地合力，去推动当下一些大的社会问题的解决。我们正在构建长江自己的公益体系，希望通过校友公益的合力打造长江的公益品牌，从而在社会上重塑长江乃至整个企业家阶层的公益形象。

本文作者：金越

案例点评

2020年的世界突然被一场新冠肺炎疫情改变，几乎全世界所有的国家、所有的人民都被卷入这场没有硝烟的战疫。目前，中国已经取得第一阶段战疫的胜利，正在协助其他国家抗击疫情。回顾疫情刚刚暴发之际，作为战疫最早的主战场武汉，封城之后即面临着医疗物资的短缺、医院床位的紧缺、医护人员的不足等严峻挑战。武汉的严峻疫情时刻牵动着全球华人的心，所有的人都在考虑："我们能做点什么？"个人、企业、社会组织纷纷行动起来，共同驰援武汉战疫前线，是这场战疫能够很快取得胜利的重要原因。

作为全程参与这场战疫的亲历者，我见证了许多长江校友自发通过微信群组织起来，募集善款并全球采购防护物资送抵武汉前线的动人故事，而长江校友，深圳正浩创新科技有限公司创始人及董事长王雷的战疫事迹，则展示了一个智造创业者如何用企业的科技产品支援武汉战疫的故事。

面对各种突发灾难，大家往往首先想到捐款，希望能够帮助到灾区，但民间有一句俗话说"能够用钱解决的事都不是事"，就反映了捐款本身的局限，因为捐款只有尽快转化为有效的救灾物资，才能真正起到作用。我们看到武汉疫情期间全国上下踊跃捐款，但武汉战疫前线，最紧缺的恰恰不是钱，而是各种战疫物资。所以，对于企业来说，参与抗疫，最重要的是如何整合自身的产品、技术和服务，为抗疫提供基于自身核心能力的解决方案。

深圳正浩创新科技有限公司自主研发的移动储能系列产品，能够作为紧急备用能源，在医疗设备救援队、公安巡防、户外作业、移动办公等方面提供备用能源，所以当王雷得知武汉方舱医院需要备用电源时，立刻挺身而出，捐赠产品帮助武汉方舱医院解决供电紧张的难题，在两天内为武汉方舱医院送去了光和热！

从王雷先生的抗疫故事中，我想每一个企业家都应该意识到企业做慈善，无论是抗击疫情，还是日常公益项目，最重要的是要利用企业自身独特的技术、产品和服务，匹配当下的社会需求，以解决社会的痛点和难点，正如王雷先生所说："从自己的专业背景出发，用自己研发的产品或在自己专注的领域，帮助一些人的生活变得更安全、便捷、美好。"因为这是一个企业对社会独一无二的责任和贡献。

从王雷先生的本科毕业设计作品"帮助中风及肢体受伤病人恢复运动能力的可穿戴式智能医疗机械手臂"到他这次捐赠移动储能产品点亮方舱医院，我们也可以看到王雷先生一直致力于用科技推动社会变得更加美好。我曾说，人类智慧＝AI*ai，"AI"代表人工智能等科技，"ai"是"爱"的汉语拼音，代表爱和善，科技向善的本质是人心向善，科技可以为我们与生俱来的爱和善良赋能，起到爱和善的放大器的作用。作为长江商学院智造创业MBA学员的王雷先生，对科技、商业、慈善的理解，与我异曲同工，值得我们每一个人深思："科技可以让商业更高效，但科技和商业本身都是中性的，没有善恶之分，只有在公益心的加持下，科技和商业才能发挥出最大的效益，才能真正让生活变得更美好。这就是我们现在倡导的科技向善，商业向善。"

窦瑞刚（腾讯公益慈善基金会执行秘书长、
深圳市老龄事业发展基金会副理事长兼秘书长）

CKGSB
长江商学院

躬身入局，未来可期

——长江不择细流，故能浩荡万里

从地球上空俯瞰，万里长江由八大支流汇成，每条支流又由许多条细小支流汇成。因为海纳百川，所以磅礴壮阔；因为旁逸斜出，所以参差多态。2020年新冠肺炎疫情暴发以来，遍布海内外近万名长江学子的爱心也汇成了一条大爱奔涌的长江，其中有校友组织和班集体汇成的强大洪流，也有校友个人发挥自己的专业和才能凝成的潺潺的溪水。这部长江人战疫纪实的篇章，因前者而厚重，因后者而鲜活。

本文收录了四位校友及其班级的故事。大疫之下，他们挺膺而出，躬身入局，似微光点亮炬火，似细流奔入江海，演绎了“国有召，我必至；国有难，我辈责”的强烈主人翁精神。透过这一张张鲜活的面孔，我们也看到了长江学子一颗颗勇敢的心、一个个美好丰盛的灵魂。

金融MBA2017级上海班：
除夕，他们打响了长江战疫第一枪

多年后，回忆起这场席卷全球的新冠肺炎疫情，很多人一定还会对2020年1月23日这个日期记忆犹新。这一天，人类历史上第一次对一个拥有千万人口的大城市采取了最严厉的防疫措施——封城。

对生活在上海的长江校友毛翔宇来说，这一天同样充满了不寻常。

一大早，他就被铺天盖地的武汉封城信息轰炸了。作为长江商学院金融MBA2017级上海班班长，他做的第一件事就是联系上海班的三位武汉同学，关心他们的情况。虽然暂时确认了他们和家人的平安，但毛翔宇还是感到一阵阵忐忑，尤其在关注到武汉抗疫一线多家三甲医院因医疗物资严重匮乏向全社会发出公开求助信后，他愈发如坐针毡，感到自己必须做点什么。

从学生时代起，毛翔宇就是一位关注现实、富有社会责任感的人；成为公务员后，他也须臾不敢忘记自己为民请命的初心。2017年，为了学习一线的经济业态和商业模式，他报读了长江商学院金融MBA课程。也是在这一年，长江商学院金融MBA项目开始面向新生开设“公益第一课”，帮助学生系统了解前沿公益理念与实践，并将公益学时纳入课程体系，要求所有学生在两年的

长江商学院金融MBA2017级上海班校友、上海虹桥商务区管理委员会公务员毛翔宇

学习中必须完成24小时公益学时方能毕业。

入学以来，金融MBA2017级同学在学院的引导下，参与了井冈山公益创新精准扶贫课程和“一个鸡蛋的暴走”等公益项目。在长江，毛翔宇深深感到长江学子改变世界的使命感和责任心。疫情暴发后，焦灼的他立刻想到：一定不止我一个长江人在为武汉担忧，我们有这么好的公益传统，何不发动大家一起支援武汉？

接下来，毛翔宇拨通了同在上海的同班同学陈臻宇的电话，两人几经讨论，又在联络国内外各方后，决定尝试组织一次支援武汉抗疫的公益活动。

1月24日，除夕。毛翔宇和长江商学院阎爱民副院长、李海涛副院长和杨晓燕助理院长沟通了这一想法，立刻得到了他们的一致支持。经过反复讨论，大家决定在长江校友中发起支援武汉医院抗击疫情的“除夕行动”。

1月24日下午3点，“除夕行动”公益募捐倡议正式发起，很快点燃了各地校友的爱心，短短3个半小时，就在179位校友的爱心接力下募集到21万元公益善款。这次行动也成功打响了长江人驰援疫情大行动的第一枪！

在发起募捐的同时，金融MBA2017级上海班校友也成立了“除夕行动”小组，负责组织实施包括防疫物资的国际采购、报关清关和国内运输安排及物资交付疫情一线医院等事宜。

同一时间，担任今实商贸中国区总经理的陈臻宇校友，发挥自己企业的海外资源优势，向美国相关防疫物资生产公司下达了2万余只

N95口罩的采购订单，随后大家克服中美时差，连续通宵作战，协调相关公司在全美仓库调配订单物资，准备集中空运。

不料，随着疫情形势的变化，美国政府在1月28日突然下达医疗物资管制令，开始对来自大陆的订单进行管控、撤回或推迟交付。行动小组又联系一家纽交所上市公司出面担保，避免了防疫物资订单被撤销和扣押。

然而，在1月30日完成了空运国内的所有准备后，当天WHO宣布新冠疫情为全球紧急医疗事件，美国随即发布了旅行禁令，原定的中美航班遭遇取消。对此，行动小组紧急调整运输方案，经多方联系后改由香港国泰航空承运至香港，防疫物资才得以起运，并于2月1日安全抵达香港。

此时，受到疫情影响，香港封港并开始征用防疫物资，原定由香港经深圳转运武汉的方案无法实施。行动小组只能再次调整航空方案，于2月4日凌晨由香港转运至上海。同时，为避免陆运物流运输风险，行动小组提前对接了承担银行专门贵金属押运的专业物流公司，负责从上海空运该批防疫物资至武汉。

金融MBA2017级上海班“除夕行动”小组驰援湖北中医院的抗疫物资

2月6日，“除夕行动”小组国际采购的2万余只N95口罩等防疫物资终于顺利交付至湖北中医院抗疫一线。在经历了十余天因时差和担忧导致的生物钟紊乱后，毛翔宇终于睡了安稳的一觉。这些天里支撑他的信念只有一个，那就是一定不能辜负179位爱心校友的公益托付，一定要履行对奋战在抗疫一线的医护工作人员的承诺。

虽然这次公益行动一波三折，中间也经历了很多焦灼和担忧，但最终能为武汉疫情防控贡献一分力量，毛翔宇依然感到无比自豪。他说：“除了国际物流环节的不可抗力因素，我们的前期倡议、募款和后期国内执行都是非常高效的，这与长江商学院搭建的公益体系密不可分，最终我们合规合法地完成了这次交付。”这次行动也让他联想到了2018年和金融MBA校友一起参加“一个鸡蛋的暴走”的公益经历，要在12小时内完成50公里的暴走任务，对体力和意志力都是一个挑战。“但是，”毛翔宇说，“做公益就是这样，要有爱心，要有速度，更要有耐力。”

EMBA11期王薇：
那个因抗疫住进ICU的女同学，凯旋了

“2月22日深夜11点，长江EMBA11期校友王薇因突发脑溢血，昏迷不醒，失去意识。24日手术后，她被转入ICU重症监护室，昏迷了整整4天，一直没有醒来。”

一时间，王薇同学的消息几乎在长江校友群里刷屏，她的安危牵动着每一个长江人的心。在这之前，她作为“长江抗击疫情精准捐赠工作组”的成员，已经奋战了20多个日日夜夜。就在昏迷前的20分

王薇同学在她捐助的汶川地震灾区中学留影

钟，她还在与武汉前线电话沟通捐赠物资的细节。

得知王薇病重住院的消息后，她的同班同学孙敏杰直呼：“怎么可能！她可是长江戈壁冠军队的主力队员，身体素质比我们男同学还要好，而且她只有42岁，还那么年轻！”

长江商学院湖北校友会秘书长苏毅也陷入了极大的难过中：“这次抗疫，我和王薇同学是并肩作战的队友，我知道她每天都在熬夜，每天都是凌晨之后才睡觉，她一定是太疲劳了才会突发脑溢血。她是这么善良的一个人，这种事情不应该发生在她身上啊！”

的确，这本不该是一个年轻、善良又充满健康活力的生命应该遭受的病痛……

1

“我住长江头，君住长江尾。君心似我心，共饮长江水。”

提到王薇，很多抗击在武汉防疫一线的长江同学都会想到这首诗。在王薇耗尽心血给他们送去的防疫物资上都会印着这首诗。

1月28日，当得知武汉亚心总医院叶红、长江湖北校友会秘书长苏毅等同学在防疫一线缺乏医疗物资时，王薇就连同杨军日、刘少林、孙敏杰等十多位长江商学院同学，成立了“抗击疫情精准捐赠工作组”。在工作组的带领下，数百位长江同学加入进来，分享了大量医疗采购渠道、捐赠渠道、运输渠道等信息，联络了武汉捐赠物资落地精准跟踪渠道。作为工作组核心的王薇，全身心地投入到精准对接抗疫物资的工作中。从发起募捐到调集资源，从资金入账到分批划付到货源地，从挑选防疫物资到对接运输路线，从精准对接到确保物资快速送达，每一个细节她都亲自过问，不停地忙碌着。

EMBA11期校友、企业家学者项目7期学员叶红是武汉亚心总医院的董事总经理。2月10日，亚心总医院被征用为收治新冠肺炎患者的定点医院，也与长江“抗击疫情精准捐赠工作组”结成了定点帮扶对子。叶红记得很清楚：“亚心总医院是2月12日正式开始收治确诊病人的，当天就收治了456位确诊病人。突然激增的患者让医院的防护装备捉襟见肘，我们的口罩都是一个一个数着用的，隔离服防护服更是搜罗整个武汉也买不到。12号那天，就在我为缺少隔离服焦头烂额的时候，王薇给我打来电话，问我缺什么，缺什么就给我找什么。我说现在最缺的是隔离服，还有N95口罩、防护服，呼吸机，都缺！当天，王薇就从吉隆坡给我们调来了200件隔离服，后来她又想办法帮我们从英国采购防护服，发动她所有的朋友在各个微信群里刷屏募捐口罩。”

EMBA11期班长刘少林说：“抢时间就是抢生命，这是王薇一直挂在嘴边的一句话。要完成这千丝万缕的沟通对接工作，费心费力，劳心劳神，但我们从未听她抱怨过一句，就在昏迷前，她还刚刚联系到一批澳大利亚的货源，准备采购一批医用防护服。”

长江商学院EMBA11期同学捐赠给武汉亚心总医院和卓尔长江应急医院的物资

2

王薇的本职工作是瑞盈财富CEO。今年2月，她看到长江商学院经济学教授、副院长李伟教授发布的“长江商学院中国企业经营状况指数”报告，其中写道：“目前的经济局面，闭店时间过长、生产长时间不能开展等等，企业就可能深陷流动性危机，面临倒闭的风险，这种情况对中小企业的影响尤为严重。”

“‘活下去’——赋能疫情中的中小企业”商学院公益直播课程三位发起人，中间为王薇

于是，在参与长江“抗击疫情精准捐赠工作组”的工作之外，2月15日，王薇又凭借自己的专业能力和职业素养，和合作伙伴发起了“‘活下去’——赋能疫情中的中小企业”商学院公益直播课程。课程面向企业家朋友，从专业角度分析中小企业面临的挑战与机遇，分析疫情的利弊影响，分享企业经营思路和对策，为企业复工复产提供解决方案，受到企业家们的欢迎，第二次课程在线听众数量近百万人，直播所有收益则全部捐献给武汉火神山医院和雷神山医院。

疫情暴发以来，“分秒必争，日夜兼程”成了王薇的工作常态。为了释放自己的最大能量，她在全力地燃烧自己。突发急症后，她的同学孙敏杰感叹道：“也许是老天看她太累，想让她短暂地歇一歇吧！”

3

在王薇住院的这段时间，长江同学们成立了一个名为“薇薇同学康复群”的微信群。同学们在群里实时分享王薇的治疗情况，并且主动帮助王薇的家人解决各种困难，替病床上的王薇分忧。同时，大家也知道，支持王薇的最好方式是带着她的爱心，继续和疫情战斗到底。

王薇生病后，EMBA11期校友没有停止忙碌。截至3月9日，他们已经向武汉亚心总医院、长江卓尔方舱医院、武汉青山区方舱医院等捐赠了2,000件医用隔离服、450件普通型防护服、新型冠状病毒PCR检测仪1台、2,000人份试剂检测盒、4,000个N95口罩等物资。

还有苏毅，直到4月8日武汉解封，他还带着湖北校友会志愿者团队奔走在帮助武汉巩固疫情和恢复民生的行动中。

同期，长江商学院EMBA&EE也联合推出“长江商学院无界学堂”，由长江教授主讲，联合长江大咖校友，通过免费在线课程的方式层层剖析疫情影响下的经济形势以及每个企业的具体决策，帮助更多企业家应对疫情带来的危机。

4

2月28日，王薇从重症监护室醒来；

3月4日，经过8天的治疗，王薇的病情基本稳定，从ICU转至康复医院；

4月4日，清明“全国哀悼日”，王薇同学在疗养病房里以手书寄语哀思，表达对抗击新冠肺炎疫情斗争牺牲烈士和逝世同胞的深切哀悼；

4月25日，王薇同学康复顺利，达到出院标准，此后只需定期复诊。得知这一消息后，所有关心她的长江同学都感到由衷的喜悦和欣慰。此时，国内疫情也已持续呈现向好趋势。春已至，芳菲来。

从冬天走到春天，我们不会忘记有这样一位长江同学在不动声色间经历了两场战争，一场与疫情抗击的战争，一场与病魔抗争的战争。

所幸，这两场战争，我们都陪伴着她打赢了。

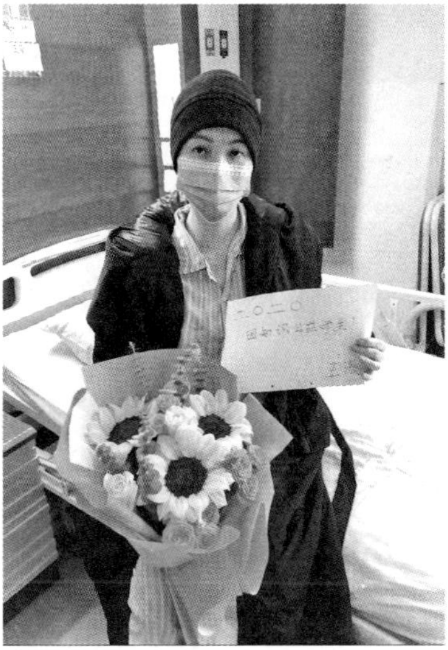

清明之际，王薇同学在疗养病房里以手书寄语哀思，哀悼烈士同胞

接力长江8期校友查雨其：“因为疫情，我解锁了多重身份”

生物学子、病毒科普文章作者、口罩加工厂志愿者、科学防疫手册多语言版本编译人员、驰援湖北的物资协调管理员……疫情暴发后的这些天，接力长江8期学员查雨其的身份在不断切换，唯一不变的是——抗击新冠病毒志愿者。

疫情之下，一个普通人可以做些什么？一起来听听她的答案——

1

查雨其记得很清楚：天气预报说，庚子年春节会是一个暖冬。但我们却迎来了前所未有的萧瑟和寒冷，一切都是因为一个新名词：COVID-19！

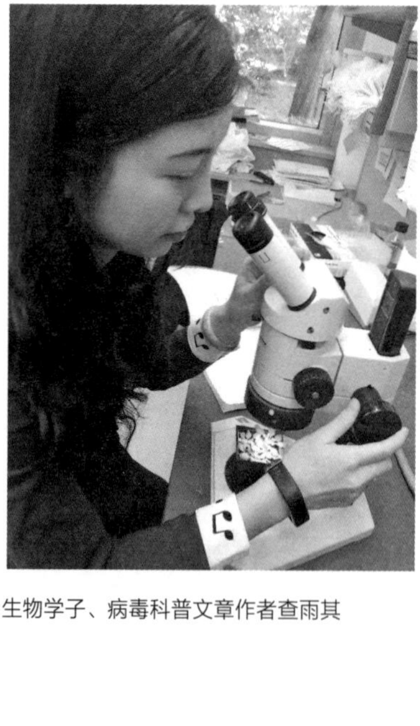

生物学子、病毒科普文章作者查雨其

这场新冠肺炎疫情也让很多人想起了2003年的噩梦——SARS。但和SARS最大的不同，它暴发在一个互联网时代。互联网的发展为防疫提供了一定的便利，使得信息能够更快速、公开、透明地传达到全国各地；但同时，也为防疫带来了巨大的困难，从1月21日到1月25日呈几何倍传播的除了病毒，还有网络上铺天盖地的谣言。

“病毒侵害的是我们的身体，而谣言和恶意扭曲的舆论侵害的是我们的理智和感情。所以，我们不仅需要防控病毒，还要防控谣言，稳定人心。”查雨其如是说。

作为一名生物学子，从1月21日起，她开始发挥自己的专业优势，在个人微信公众号“夙说天下”上发布“新型冠状病毒科普”系列文章，通过“SARS回来了吗”“超级传播者”“无辜的猫狗”“病毒与免疫系统”等多角度专题，为读者科普相关知识，帮助更多人拆穿谣言，科学防疫。

2

新冠肺炎疫情暴发后，口罩瞬间脱销，成了最稀缺的资源之一。从医护人员到普通民众都面临着“一罩难求”的困境，提高口罩产能也迫在眉睫。

1月25日，大年初一这天，查雨其在朋友圈看到苏州一家口罩厂紧急招募志愿者的消息，连午饭都没顾上吃就跑去口罩工厂开始工作。

临时工志愿者大多不具备操作生产机器的能力，一般被分配到的都是搬运、整理、检查、包装这类简单枯燥的工作。查雨其的任务是在口罩生产线上检查并理顺口罩的耳挂。从午后一点半到五点半，

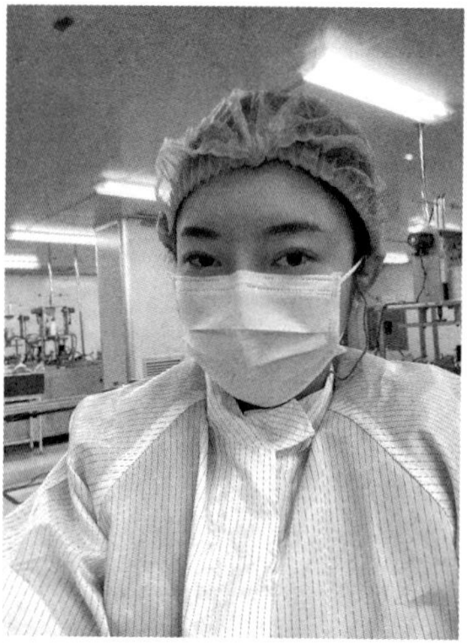

口罩厂志愿者查雨其

查雨其一直在机械地重复四个动作：从生产机器上拿起口罩，抖动理顺耳挂，扔掉不合格的口罩，把合格的口罩放进收集框……

整整一个下午，她就这样经手了12,000个口罩。其间，上游的工人姐姐一直告诉她如果累了可以休息一下，但她一刻也没有停下。她说："我的热情很大很大，大到希望我们所做的努力可以解决一线医务人员的燃眉之急；我的期待又很小很小，小到只希望我身陷重点疫区的好友能用上我亲自做的口罩。"

3

1月26日，在朋友的介绍下，查雨其又作为科学信息写手和翻译员加入了海外防疫宣传志愿者小组。这个组织的目标是做出多语言版本的科学防疫指南，帮助全世界人民科学地认识病毒，理智地面对疫情，对抗因恐慌和无知而产生的针对海外华人的歧视。

防疫手册的时效性非常重要。权衡之下，查雨其暂时放下了口罩生产志愿者的工作，全身心投入到科学防疫指南的撰写和翻译工作中。

科学防疫手册多语言版本编译志愿者查雨其

2月8日，在查雨其和40多位志愿者两个星期的努力下，中英双语版的《共同战斗“2019新型冠状病毒”知识指南》终于上线，法语版本也紧随其后发布。作为编译团队的一员，查雨其说道：“在这段艰难的日子中，我们看到了很多令人心痛的消息和现象。最可怕的不是疫情，而是人们被压力、恐慌、紧张等一系列负面情绪淹没后所产生的互相猜忌和伤害。所以这不仅是一本防疫科普手册，更是我们海内外青年志愿者出于人道主义的发声和呼唤，希望大家在看完后可以做到科学防疫，不盲目恐慌；不造谣，不歧视，隔离不隔心。”

4

2月3日，查雨其所在的企业开始复工，但她仍想在工作之余为疫情多尽一份力。于是，在防疫科普手册发布后，她又多了一个新身份：宾大校友会驰援湖北物资协调管理员。

这是一份令查雨其常感到无比揪心的工作，不断有一线医院发来求助，相比之下，他们所能支配的资金和物资都太过有限。随着2月10日企业陆续复工和政府兜底采购政策的实施，如普通外科口罩之类的资源在湖北的空缺逐渐被弥补，但医用护目镜、医用防护服等生产资质要求较高的物资还是十分紧缺；同时，查雨其也接收到许多其他省市的求助信息，一位云南玉溪的朋友向她求助，说当地医院连1,000个普通外科口罩都买不到，父亲的一位四川南充朋友则说“只要给能医院800套防护服，下跪都愿意”……

特殊时期，有限的物资如何进行最合理的分配或许并没有绝对的评判标准。但查雨其和团队伙伴们仍在竭尽所能地协调、调度。她常常想，只要我们能多保护一位一线医护人员，只要我们能多减少一个人的感染风险，我们的努力就是有价值的。

5

勿以善小而不为，勿以恶小而为之。这是父亲从小教给查雨其的做人准则。进入长江商学院以后，长江倡导的人文精神和社会责任，无公益不长江的学院文化，都让她由衷地感到认同。这次疫情发生后，看到长江各位师兄师姐驰援疫情的大爱善举，也令查雨其无比敬佩感动。

虽然生活在非重点疫区，但查雨其深深懂得新闻上那些不断滚动的数字不只是数字，每一个数字都代表着一个生命，那是我们的同胞，是在湖北这片质朴的土地上勤恳工作、努力生活，如你我般有喜有悲、有笑有泪的鲜活的生命。也正因如此，查雨其才会不断问自己：“我可以用我的专业、长项和能力为他们做些什么？哪怕只是贡献一些基础的劳动力？”

也正是这段做志愿者的经历帮助查雨其化应激压力为动力，把接收到的消极信息都转化为了正能量。其间，长江商学院的老师和同学给予她的支持和鼓励，也让她感到无比温暖。

“我虽力小，亦有知国、懂国、救国之心！”

这是查雨其内心的声音，也是每逢国家危难之际，每一个挺身而出的平凡英雄的写照。

查雨其说：“我相信有无数和我一样做着力所能及的事情的人们，我们的努力终将汇聚在一起，成为驱散武汉寒冬的十里春风。我们的爱，终将催开江城的樱花烂漫，就像无数充满生命力的小溪汇入长江，也终将成为辽阔大海上的滔天巨浪！”

EMBA23期校友黎隆武：
“我为什么要为英雄写赞歌”

想知道你是怎样的人
一声哨响就逆风前行
你那向死而生的眼神
将千万颗心揪得很紧很紧

想问问你是怎样的人
一句“我上”便奋不顾身
你那前赴后继的身影
把亿万颗心拉得好近好近

不用想你是怎样的人
没有谁比你更珍爱生命
不用问你是怎样的人
没有谁比你更渴望安宁

哪有什么岁月静好
只是有你为苍生抱薪！
我知道你是怎样的人
知道你是怎样的人

扫码收听抗疫公益歌曲
《你是怎样的人》

2020年3月12日，央视音乐频道播放了一首抗疫公益歌曲《你是怎样的人》，由著名歌唱家祖海演唱，配上一句句饱蘸深情的歌词、一帧帧白衣战士奋斗在抗疫前线的MV镜头，令电视机前的无数观众潸然泪下。歌词中那一句“哪有什么岁月静好，只是有你为苍生抱薪”更深深写进了每一位国人的心坎里。

这首歌的词作者，就是长江商学院EMBA23期校友黎隆武。

在很多人的印象中，长江商学院是商界企业家的聚集地，其实长江校友中也隐藏着许多多才多艺的文艺青年。江西校友黎隆武就是其中之一，他是一位作家，著有历史小说“海昏侯三部曲”，同时他也是一名音乐爱好者，童年时代听到故乡的龙船调便深深入迷，学生时代也曾手抄过许多歌词本，还参加江西省青年歌手大奖赛拿过名次……虽然只是爱好，但音乐早已成了他生命中不能缺少的一抹色彩。

新冠肺炎疫情暴发后，黎隆武和许多禁足在家的人一样，每天都在不停地看电视、刷手机，关注的全都是疫情的动态。随着疫情形势越来越严峻，黎隆武也陷入了频繁的失眠中，一到晚上就辗转反侧，新闻里的一帧帧画面开始像电影一样在脑海中自动放映——

84岁的钟南山院士和73岁的李兰娟院士苍劲坚毅的身影；

张文宏医生那嘹亮的一嗓子“共产党员跟我上”；

除夕夜，一支支星夜启程、逆风出征的援鄂医疗队；

医护人员脸颊上、鼻梁上被口罩勒出的一道道血痕；

护目镜后，那一双双看向病人的饱含热泪的眼睛；

还有李文亮医生、彭银华医生、夏思思医生、刘智明院长……一个个倒在抗疫一线的鲜活的生命……

那段时间，黎隆武总感到胸中有一股意气不吐不快。“我能为他们做些什么呢？”思绪纷涌之间，当代中华民族曾遭受的历史磨难开始像放电影一样在他脑海中闪现：2020年新冠肺炎疫情、2008年汶川地震、2003年非典之战、1998年长江流域特大洪水……黎隆武猛然想起，1998洪灾那一年，他在家乡九江曾目睹九江大堤如何一段段垮下去，也目睹了抗洪战士如何用身体筑起一道道人墙，守护了包括他在内的亿万同胞的生命。那一年，还有一首广为传唱的歌曲《为了谁》，“泥巴裹满裤腿，汗水湿透衣背，我不知道你是谁，我却知道你为了谁”。这段家喻户晓的歌词永恒定格下了人民子弟兵的英雄形象，至今仍在带给国人强大的精神力量。

“也许，我也可以为他们写一首歌，一首英雄的赞歌，一首为人们带来精神力量的歌。”黎隆武如是想。随后，他打电话给一位老友——著名词曲作家田信国，表达了自己的想法。田信国也觉得此事非常有意义，两人当即投入创作，一人作词，一人谱曲，又字斟句酌地反复吟唱修改，终于完成了《你是怎样的人》的词曲创作。

在得知黎隆武的创作灵感来自《为了谁》这首歌后，田信国主动联系到了《为了谁》的演唱者祖海，邀请她来演唱《你是怎样的人》。祖海在听到小样后，也深受感动，二话不说就接受了邀约。随后，他们陆续找到编曲、制作、视频团队。特殊时期，大家分隔多地，每天都在线上细致地沟通，且是纯公益性质的免费制作，但每个人都热情高涨，都在用最专业最精益求精的态度对待。

2月中旬，歌曲创作完毕后，黎隆武通过长江商学院江西校友会会长熊衍葆率先分享到了江西校友群里，很快引起了校友们的共鸣，随即在各大长江校友群里传播开来。同时，这首歌曲也开始在网络、电视等多种媒介上流传开来。还有一些音乐制作团队，根据词作重新编曲演唱，又制作出了美声、民歌、流行等多个版本。但无论哪个版本，都无一例外地能让听众动容。

黎隆武说："每当时代发生大灾难的时候，一定会有不愧于时代力度的艺术作品出现，无论是文学作品、绘画作品，还是音乐作品，都是艺术家们倾注了心血，才赋予了这些作品温润人心的力量，这就是文化的力量。"

长江商学院EMBA23期校友、作家黎隆武

谈起这首歌的创作初衷和过程，黎隆武提及频率最高的一个词就是"感动"。他说："我感动于那些奋不顾身奔赴抗疫前线的白衣战士，感动于对口支援湖北随州的江西医疗队队员，感动于无偿捐款捐物的海内外长江校友和奔走在疫区一线的湖北校友，同时我也感动于在每一次民族危难之际挺身而出的英雄们，他们不仅仅是医务工作者，也是解放军战士，是消防队员，是矿山救援队员……这些感动我的人，都是我创作能量的来源。所以我要为他们写一首赞歌，因为人类的赞歌就是英雄的赞歌！"

后记

曾国藩曾有一句名言："天下事，在局外呐喊议论，总是无益，必须躬身入局，挺膺负责，乃有成事之可冀。"

诚然，人类的赞歌就是英雄的赞歌，人类的赞歌亦是爱和勇气的赞歌。

在这场全球战疫中，长江商学院校友支援疫情的事迹还有很多很多，因篇幅及时间所限，未能一一尽述。但他们的爱和勇气、他们付出的点点滴滴，都会被得到帮助的人所铭记，都会被时间和历史铭记。

经此一“疫”，也愿所有人更加热爱生命，热爱生活，愿山河无恙，人间皆安。

本文作者：金越

案例点评

长江商学院是一家商学院，重在培养企业家。那么，为什么要培养企业家？为什么企业家能够为社会创造财富？“企业家”一词原意是指“冒险事业的经营者或组织者”。成功的企业家似乎普遍具有这样几个特征：市场精神、社会洞察力、整合社会资源、处理政商关系、达则兼济天下。

当下，财富正在以前所未有的方式和速度聚集，社会意识则成为身处这个时代的企业家的显著特征。他们除了创造财富，还要为利益相关者创造价值，以增强社会活力。我在长江商学院校友身上看到了这样一种精神。以毛翔宇、王薇、查雨其、黎隆武为代表的长江校友故事，令人感佩不已。疫情暴发之初，毛翔宇和他的同学第一时间投入到驰援湖北疫区的行动中，即使中途遇到重重波折障碍，依然坚持；王薇同学为帮助疫区连日劳累以致突发脑溢血的故事更是令人感动；查雨其同学看似年纪尚轻，却用自己的专业知识，以科普的方式参与到抗疫的行动中；黎隆武先生参与创作的抗疫歌曲《你是怎样的人》饱含深情……

这一切告诉我们，财富对于当下的意义，除了物质还有精神，这就是企业家的选择。无论是在历史上的等级制度社会，还是在今天的市场竞争和进化法则中，不管对局势和前景抱有何种顾虑，中国企业家的社会行为一直保持着积极向上的姿态。

任何组织或者事业都将面临两个基本挑战，一个是面对今天的挑战，一个是应对未来的挑战。长江商学院通过“公益第一课”“公益学时”等模式把公益理念注入每一位校友的血液之中，这种学风在校友的公益行动方面得到了很好的验证，也值得在其他商学院乃至高校推崇。世界的改变不是因为一个人做了许多，而是因为每个人都做了一点点，这或许是应对未来挑战最好的基石。

公益事业是我们共同热爱并为之奋斗的事业，作为致力于推动社会进步的全国媒体平台，相信《公益时报》与长江商学院能够不断巩固基础、创新形式，携手推进现代公益事业发展，更好地服务社会，造福人类！

刘京（公益时报社社长）

附录

长江人抗疫疫情活动总结

1月25日，长江校友官微发出倡议，呼吁长江商学院各校友组织、各班级、校友和校友企业尽己所能，调动一切可以调动的资源，向相关医院输送抗击疫情相关的医疗设备、试剂、药品、防护设备、消洗设备、耗材等，助力武汉共渡难关。

倡议发出后，长江商学院成立了疫情防控小组，对学院和校友组织针对此次疫情的救助工作进行指导。同学们也自发组成多个以班级和校友组织为单位的志愿工作小组，积极投入疫情救助的工作中。

自1月25日起，长江校友官微对长江人的驰援行动进行了为期9天的持续播报。截至3月10日，据不完全统计，长江各校友组织和班级已向疫区（包含但不限于湖北）累计捐赠资金和物资超过1900万元，其中包括长江湖北校友会接收的捐赠资金9,379,237.75元。长江校友企业捐赠资金和物资逾40亿元。

其中，长江湖北校友会收到了来自全球各地多个长江校友组织、班级、校友个人的捐款和物资，湖北校友会积极组织口罩、防护服、护目镜等物资的采购和配送，全面支援疫区疫情防控工作。

通过长江湖北校友会进行捐赠的校友组织、班级和个人如下：

校友组织捐赠信息：

长江商学院北京校友会捐赠50万元；

长江商学院山东校友会捐赠40万元；

长江商学院河北校友会捐赠20万元；

长江商学院加拿大校友会捐赠20万元；

长江商学院天津校友会捐赠10万元；

长江商学院山西校友会捐赠10万元；

长江商学院大连校友会捐赠10万元；

长江商学院浙江校友会捐赠10万元；

长江商学院三亚校友会捐赠10万元；

长江商学院重庆校友会捐赠10万元；

长江商学院西藏校友会捐赠10万元；

长江商学院辽宁校友会捐赠10万元；

长江商学院香港校友会捐赠10万元；

长江商学院深圳校友会捐赠1000件防护服、30,000只医用外科口罩，3000双医用pvc手套、540件护目镜；

长江商学院澳新校友会捐赠21万元、1050套医护加厚防护服、4000套医疗蓝色防护服、8000套黄色防护服；

长江商学院智能制造学会捐赠20万元；

长江商学院互联网学会捐赠10万元物资。

班级捐赠信息：

长江商学院企业家学者项目（DBA）7班捐赠20万元；

长江商学院CEO10期捐赠62.4万元；

长江商学院CEO11期捐赠65万元；

长江商学院CEO12期捐赠20万元；

长江商学院CEO13期捐赠13.68万元；

长江商学院CEO14期捐赠20万元；

长江商学院总裁13期捐赠10万元；

长江商学院总裁14期捐赠10万元；

长江商学院总裁16期捐赠20万元；

长江商学院总裁17期捐赠10万元；

长江商学院总裁22期班级捐赠5万个口罩；

长江商学院接力7期捐赠31.8万元；

长江商学院接力8期捐赠26.5万元；

长江商学院资本3期捐赠5万元；

长江商学院科技商业3期捐赠10万元；

长江商学院文创4期捐赠6万元；

长江商学院大健康首期捐赠5万元；

长江商学院创创图灵首期捐赠9万元。

个人捐赠信息：

长江商学院创办院长项兵及夫人林莉女士捐赠10万元、朱睿教授捐赠1万元、周文起捐赠100万元、计宏铭捐赠50万元、史朝霞捐赠21万元、陆勤超捐赠20万元、王满根捐赠20万元、赵娜及郭晟等校友捐赠15.8万元、汪红梅捐赠14万元、丁华民捐赠12万元、王琮捐赠11万元、戴文军捐赠10万元、苏毅捐赠10万元、熊伟捐赠10万元、张继学捐赠10万元、王燕及王小伟捐赠3.2万元及价值6.8万元口罩、李青及李欣鹏捐赠6万元、方强捐赠5.5万元、余小泉捐赠5万元、侯雪娇捐赠5万元、罗爱华捐赠5万元、李莹捐赠4万元、姚顺义捐赠4万元、金婷婷捐赠4万元、张晓萌捐赠3.3万元、董勇捐赠2.5万元、刘志新捐赠2.02万元、刘壮青捐赠2万元、李瑞娟捐赠2万元、李剑捐赠2万元、惠国瑾捐赠2万元、黄亮捐赠1万元、蔡红力捐赠1万元、陈帆捐赠1万元、陈先新捐赠1万元、李朝晖捐赠1万元、马超贤捐赠1万元、孙丹捐赠1万元、荣琴捐赠1万元、张金煌捐赠1万元、张寒冰捐赠1万元、Vivian捐赠1万元、余慧捐赠1万元、张威捐赠1万元、孙贞浩捐赠5000元、刘婷婷捐赠5000元、姜讯捐赠3000元、韦兆锋捐赠3000元、黄楠捐赠2000元、钟星捐赠1500元、王杰祺捐赠1000元、王翠翠捐赠500元。

长江商学院无界学堂捐赠：

3.080175万元。

校友代购物资捐赠：

汪红梅13.2万、丁华民12万、惠国瑾5.5万、赵娜（快乐公益群及26期校友）58.8万、方强（24期3班）4.5万、王满根7.6万、丁晟9万、金婷婷2万。

此外，长江各校友组织、班级也自发组织了一系列捐赠和物资采购及配送活动，驰援武汉。其中包括：

长江商学院大连校友会联合总裁班14期向鄂州市卫生健康委员会捐赠20万元，用于购买药品；

长江商学院上海高尔夫球队向长江卓尔应急医院、宋庆龄基金会指定医院捐赠30万元，用于采购医疗物资；

长江商学院金融MBA项目联合长江教育发展基金会发起为武汉湖北中医院免费捐赠2万个N95口罩的“除夕行动”。从启动到完成共用时3.5小时，捐赠次数179次，共募集到善款213,316.00元；

长江商学院EMBA4期捐赠8万元；

长江商学院EMBA11期捐赠36.1万元，用于采购医疗物资，支援一线；

长江商学院EMBA14期向武汉江岸区慈善会捐赠10万元，用于疫情的抗击和防治工作；

长江商学院EMBA20期上海班捐赠武汉社区医院价值10万元的N95医用口罩，用于疫情的抗击和防治工作；

长江商学院EMBA22期1班向黄冈市妇幼保健院、新疆阿勒泰地区捐赠20万元；

长江商学院EMBA24期1班捐赠10万元；

长江商学院EMBA24期5班筹集善款100万元，采购口罩、医用酒精、防毒面具等医疗用品运往疫区；

长江商学院EMBA24期5班、EMBA28期2班联合发起的筹款最终筹集1284692.99元，采购21750副护目镜、50万副医用手套，支援一线抗击疫情工作；

长江商学院EMBA28期4班捐赠37万元；

长江商学院EMBA29期5班捐赠价值26万元的100万只医疗级手套；

长江商学院EMBA30期3班捐赠5000个护目镜至物资紧缺的黄石市各个医院；

长江商学院EMBA31期向大爱清尘公益组织捐赠1,255,378.4元；

长江商学院EMBA31期1班捐赠15万元；

长江商学院EMBA31期3班向湖北疫区捐赠约40余万元的物资，包括防护服、呼吸机、呼吸面罩等，用于疫情防控和重症患者治疗工作；

长江商学院EMBA33期3班从班费拨出10万元用于购买医护人员专用口罩计划，并捐赠200套医疗防护服，支援武汉的一线医务工作人员；

EMBA34期2班向武汉市第四医院古田院区、湖北省人民医院、武汉大学人民医院、河北省人民医院捐赠30万元；

长江商学院EMBA35期1班同学发起“守护环卫人”公益项目捐款。第一期共筹措104.18万元，为疫区环卫工人采买和发放防护服3000套、手套2万副、口罩41万只；

长江商学院金融MBA15级北京班捐款16万余元购买口罩23,000只、防护服625套，寄送至汉川市第二人民医院，黄梅县人民医院，西江乡卫生院等；

长江商学院金融MBA17级北京班捐赠20,000只专业医用口罩；

长江商学院金融MBA19级上海班向湖北黄石当地的医院捐赠400个护目镜；

长江商学院金融MBA19级深圳班向湖北黄石医院捐赠600个护目镜。

长江商学院教授和校友也开展了一系列在线公益讲座、课程，帮助企业和个人积极应对疫情，找到增长机遇。

长江商学院EMBA和EE项目联合推出以“危中窥机 合力共生”为主题的在线直播课程。长江商学院组织行为学张晓萌副教授带来“战疫同行 开工抉择：生存与信心的博弈”的主题分享，长江商学院市场营销学朱睿教授带来“危机中求生存与发展”的主题分享，长江商学院战略学滕斌圣教授带来“发展是对抗灾难的最强武器”的主题分享，旨在帮助更多企业家解除疫情带来的危机，找到增长机遇。

长江商学院市场营销学朱睿教授通过担当者行动教育基金会为乡村孩子进行“生活中的心理学”线上主题分享，帮助儿童用健康的心态面对疫情。

长江商学院对外事务、校区建设、行政事务副院长阎爱民教授，长江商学院企业家学者项目和创创社区副院长刘劲教授，EMBA5期校友、复星集团联合创始人梁信军先生等教授和校友通过长江校友大讲堂进行线上分享，为校友解读在经济发展面临巨大挑战，企业和个人面临严峻考验的疫情当下，企业如何转危为机，突破困局等主题。

新冠肺炎疫情持续在海外多国蔓延，全球医疗物资出现匮乏。长江商学院各校友组织、班级持续积极行动，向需要帮助的他国人民贡献长江人的一分力量。其中包括但不限于：

长江美西校友会联合校友贡献力量，共同捐赠包括医用口罩在内的价值近35万美元的医疗物资，并将物资发放给加州多家医疗机构和警察局。

长江澳新校友会继向国内捐赠10,000只医用口罩、10,000套医用防护服、5050套医用隔离服后，又从国内采购30,000只医用N95口罩捐赠至澳洲本地医疗机构，帮助澳洲社会抗击疫情，渡过难关。

长江入海队携手清华五道口GFD金博吾队继向武汉捐赠之后，又联手共同捐赠物资到意大利、日本和美国。其中包括：①捐赠医用N95口罩30,000只，医用隔离衣10,000件，医用防护服2500件，一次性医用口罩4800只，医用防护服100件到意大利米兰医院；②捐赠一次性防护口罩100,500只到日本；③捐赠一次性防护口罩100,500只到美国南加州华人联合总会。

长江EMBA31期同学捐助善款50万，联合磐远控股，慈缘基金会，AAED，大爱清尘基金会，NACCC，现已采购800套杜邦防护服，2000个护目镜，2300个N95口罩，1万个医用口罩，拟采购约3万只N95口罩，送往纽约以及全美各大医院。同时，EMBA31期同学联系深圳市政府赠予美国夏洛特市政府4万只医用外科口罩。

（校友企业及校友个人捐赠详情请参见长江校友官微）

2019 年度

公益项目篇

CASES OF
CKGSB
PHILANTHROPY

无公益，不长江

豫西公益行

——携手大爱清尘，点亮尘肺家庭的希望

“真的太难了！”

“这是最难的公益之一！咱们班做到了！”

2018年9月18日，风雨交加。结束了整整一天的“豫西公益行——尘肺病救助项目”后，长江商学院EMBA31期3班班主任安书娴感慨万千。

他们在这一天到底经历了什么？“豫西公益行——尘肺病救助项目”为何会被称为“长江商学院史上最难的公益之一”？

尘肺农民，艰难搏命

2018年9月18日，长江商学院EMBA31期3班学员携手北京大爱清尘公益基金会开展“豫西公益行”，前往国家级贫困县——河南省卢氏县探访尘肺病农民，与他们沟通交流，以期找出合适的帮扶方案和计划，改善他们的生活。

卢氏县位于秦岭东端，隶属于河南省三门峡市，这里山大沟深、空气清新，是一个天然大氧吧。但在这里，有的人后半生都处于缺氧状态，一生都在艰难搏命。

当地人均耕地面积少，但矿藏资源丰富，于是自20世纪90年代开始，大量的青壮农民上山进矿打工，由此导致两三万人患上尘肺病，进而丧失劳动力。这些罹患尘肺病的农民既无医疗保障，亦无收入来源，生活陷入绝境。

这次“豫西公益行”之所以难，首先难在天气和路况上。探访当天正好下雨，山路湿滑，车辆难以前进，不得不在半路停下。大家小心翼翼地走在泥泞的小路上以防滑倒，还要不断担心旁边山上的石头有可能会随时滚落……

探访学员们沿着泥泞小路前往尘肺病患者家中

“我从小在城里长大，没想到这里的路走得这么艰难！”长江商学院EMBA31期3班学员褚晓刚不禁感慨。

尘肺病农民王福山插着24小时都不能停的制氧机，打着消炎点滴

而更难的是大家在这里见到了之前从未见过，甚至未曾想象过的景象。

在尘肺病患者王福山家的客厅里，摆着一副棺材，那是妻子为他准备的。妻子解释说：“他这个病不知道哪天就去了。”还有的患者因肺组织受损，不得不24小时依靠制氧机呼吸，每日的活动范围仅是家中的十平方米。一些家有患者的孩子为了减轻家庭负担，本该是上初中的年纪，却被迫辍学外出打工。疾病、孩子、房子……这些难题纠缠在一起，压得这些患者喘不过气来。长江商学院的同学们也更加理解为什么即使知道这份工作会威胁到健康，而“这些农民们也仍然会去做”。

悲伤之外，总有向上的力量让人惊喜，令人欣慰。

有患者为了让儿子考上大学走出山村，借钱、躲债、打工……穷尽一切努力，最终将三个孩子全部送进了大学。有患者为了给孩子凑齐上大学的学费，将房间空出来晾烟叶，自己搬到房檐下住，终日忍受着刺鼻的烟叶味。

尘肺患者李建民穷尽一切办法，将三个孩子都送进了大学，现在，孩子们都有了好的归宿

这次探访的尘肺患者家庭中，一半以上家庭的孩子正在读书或者已经大学毕业。有的孩子毕业后成为医生，帮助和父亲一样的尘肺病人。

在这些偏远的小山村里，尘肺病患者和其家人们都在用自己的方式，努力向上，认真过活。

仅仅一天，长江的同学们就感到了“大爱清尘”救助尘肺农民兄弟的艰难与不易。同学们纷纷感慨，这是一个非常艰苦却又容易被人忽略的项目，是“最难的公益”“最苦的公益”。

中国身价最高的记者，却成了一名公益人

对于尘肺病，如果你有所耳闻，很可能是因为他——王克勤，“大爱清尘”创始人，同时也是长江商学院EMBA31期学员。

今年55岁的王克勤，人生岁月中经历了两种人生：第一种叫“新闻记者人生”，第二种叫“公益行者人生”。

1989年，王克勤在经历了市委机关秘书、国企副厂长的社会历练后进入《甘肃经济日报》，从事了自己喜欢且擅长的新闻记者一职，由此开启了二十多年的记者生涯。因为一系列的揭黑报道，王克勤被称为“中国的林肯·斯蒂芬斯”。然而，这一称呼却给王克勤带来过许多麻烦。曾有黑道扬言，要花500万高价买他的人头。这段传闻又让他被戏称为“中国身价最高的

“大爱清尘”创始人、长江商学院EMBA31期学员王克勤

记者”。

王克勤曾发誓要做调查记者直到80岁。50岁不到时，他在一次采访中接触到了尘肺病人这一生活在社会底层的群体，并开始深度关注尘肺病农民工的命运。

经过长期调查研究，王克勤发现了两个重要的“90%”，即所有职业病中尘肺病占比90%以上，而尘肺病人中农民占比90%以上。煤炭工人、纺织工人、电焊工人、隧道工人、风钻工人、雕刻工人……长期处于充满粉尘的场所，吸入大量粉尘就很容易患上此病。患者的肺会逐渐纤维化，变得像石块一样坚硬，每一次呼吸都需要调动全身的肌肉。

身患尘肺病的农民又被称作“跪着等待死亡的群体”，因为呼吸极为艰难，许多人无法躺着睡觉，最舒服的方式就是跪着，而该病目前在医学上根本没有治愈的办法。即便个别患者东挪西借凑够几十万元想换个肺，可与之匹配的肺源极难找到。即使成功换肺，排异治疗的费用每月高达万元，能够负担得起的患者少之又少。

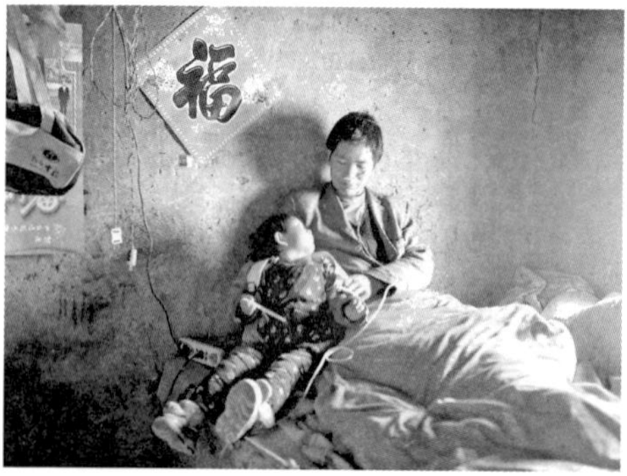

陕西省洛南县尘肺病患者陈线军和女儿在一起

因不忍见一个又一个尘肺病农民被活活憋死，2011年6月15日，王克勤联合中华社会救助基金会共同发起了“大爱清尘——寻救尘肺病农民兄弟大行动”，致力于拯救在生死线上

“大爱清尘——寻救尘肺病农民兄弟大行动”启动仪式

苦苦挣扎的600万尘肺病农民。

从此，他阴差阳错地成了一名公益人。

启动仪式结束后，冷静下来的王克勤才意识到“大爱清尘”其实什么都没有，没场地，没资金，没人员，什么都没有！项目启动近半个月，仅获得3笔捐款共计2,500元，其中的2,000元还是他们自己捐的。“一开始就碰得头破血流！”

好在当时微博兴起，王克勤抓住这最后一根稻草，拼命发微博，白天要工作就深夜发，早上醒来揉揉眼睛接着发。由于持续在手机上写微博，他硬是把1.5的视力熬成了0.6。

功夫不负有心人！2011年6月28日，这是一个让王克勤至今难

王克勤向尘肺患者讲解制氧机的使用方法

忘的日子。“23：03时，当时的新浪微博第一大V姚晨转发了我的微博，之后众多大V也开始转发。”王克勤回忆道。当晚，项目账户即获15笔共计3,550元的捐款，之后大量捐款进入，仅7月就获捐53万元。有了这些资金，2011年8月1日，“大爱清尘”将四川省凉山州甘洛县的10个患尘肺病的农民送到医院接受专业治疗。

“能救一个是一个，能帮一点是一点！”这是“大爱清尘”的行动口号。为了实现这一心愿，王克勤带领“大爱清尘”的救援团队，一刻不停地奔走于全国各地的尘肺病高发贫困区，全国大部分省区的尘肺病山村都留下了他们的足印。

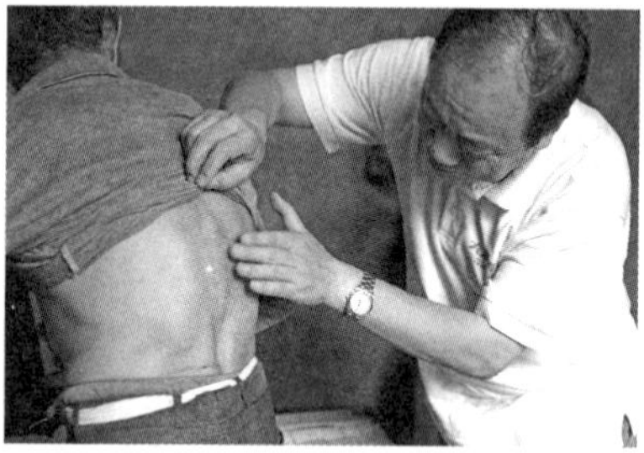

王克勤在贵州省铜仁市印江县天堂镇探访时核查患者的身体疾患

加入长江，就找到了家

2017年，王克勤成为长江商学院EMBA31期公益生，作为公益奖学金学员投身到长江商学院的学习中。

“无公益，不长江”是长江商学院的公益理念。从2010年起，长江商学院规定每个EMBA的学员都要完成48小时的公益学时才能毕业，让学员们把公益理念贯穿到行动之中，并引导大家在长江商学院的平台上做出有特色的公益项目，整合校友资源，凝聚更多的社会力量。

王克勤来到长江商学院学习之后，发现他与长江商学院的公益理念不谋而合，深切感受到长江商学院注重社会责任，愿意为建构一个文明社会而努力的公益基因。

他说：“选择到长江来非常好，我本身是做公益的，感觉找到了家。这里聚集了很多有理想、想有更大作为的商业精英，不仅可以系统地听取企业管理知识、接触实战案例，还可以和同学交流，深入了解商业运作手法、技巧，把这些运用在公益事业中。”

在2018年9月18日“豫西公益行”当晚的尘肺农民帮扶交流会现场，长江商学院EMBA31期3班班主任安书娴和3班政委冯银锁宣布：长江商学院EMBA31期3班正式成立“大爱清尘基金会长江商学院313专项基金”，从班费中拿出10万元作为启动资金，并号召更多长江商学院的同学利用自身优势与资源，帮助困苦的尘肺病农民兄弟。

2019年9月22日，长江商学院长江313专项基金捐赠的“大爱清尘”漫川关康复中心正式启动，专项基金代表、企业家陈丕在启动仪式上致辞

313专项基金成立后，在救助尘肺病农民、助力精准扶贫的事业中持续发挥力量。除了直接捐赠尘肺农民的公益项目、再次开展公益行活动外，313基金还捐建了“大爱清尘”第六家尘肺病康复中心。

这家康复中心已于2019年9月22日在陕西省山阳县漫川关镇正式启动，为当地尘肺病患者提供科学、专业的指导和服务，帮助尘肺患者学会健康管理，改善身体状况。

第一时间捐赠“救命机”，支援湖北抗击疫情

2020年的春节，一场突如其来的疫情肆虐中国，患者人数与日俱增，湖北各地医疗防护用品持续告急。

大量信息显示，由于新型冠状病毒引发的肺炎直接导致呼吸系统发生病变，很多新冠肺炎患者面临着与尘肺病患者同样的难题——呼吸困难。

长期从事呼吸健康研究的王克勤，根据长期的专业积累，第一时间做出判断：解决呼吸困难将成为重中之重。于是，他马上请教“大爱清尘”医疗专家委员会的呼吸科专家们。在与医疗专家，尤其在湖北的专家交流沟通后，他们没去争抢口罩、手套等物资，而是根据“大爱清尘”近十年为呼吸困难患者提供服务的经验，第一时间选择做呼吸机的支持与捐赠。

“肺功能就像汽车的发动机，正常的速度可以开到一百，但在新冠肺炎的影响下只能开到七八十，这个时候如果马力不够就会缺氧，达不到肺功能的要求，会越来越缺氧，最后导致呼吸衰竭。”上海市闵行区中医医院急诊监护室副主任刘小路如是说。

当时，湖北很多医院都存在呼吸机不足的情况，多家医院都在四处借调呼吸机。很多病人家属也不断在微博上求助：“出现呼吸衰竭”“只能靠制氧机勉强维持”“医院只有四台呼吸机”……

疫情便是命令，救命刻不容缓！

各界捐赠的呼吸机送达湖北各医院

长江商学院EMBA31期第一纵队学员为湖北医院捐赠呼吸机

除夕夜，王克勤向“大爱清尘”员工发出紧急驰援令；大年初一11时，“大爱清尘”驰援湖北工作组成立；大年初三，第一批200台呼吸机采购完成；大年初六，即1月30日，首批200台呼吸机送达武汉湖北中西医结合医院等医疗机构。

“大爱清尘”的驰援行动得到了长江商学院同学们的大力支持。1月30日大年初六，长江商学院EMBA31期3班便捐赠善款16万余元启动专项，随后更多班级、更多同学参与进来，驰援湖北更多的“救命机”。

“务必确保执行效率，务必确保直达医院！”这是“大爱清尘”专项执行的准则。长江商学院EMBA31期的同学累计向“大爱清尘”

捐赠善款1,255,378.4元，共为湖北省27家医院提供了211台呼吸机（含239个呼吸机备用面罩）。这些物资均直接送达医院，并在第一时间投入使用。

在此次新冠肺炎突发的公共卫生事件中，受限于医疗卫生领域的专业性，很多公益组织难以有效地参与和深度介入。而作为专注呼吸健康领域近十年的公益机构，“大爱清尘”行动早、规模大、模式复制、直送医院、专业执行，有力缓解了湖北多家医院的救治压力。

据《财新》报道，自除夕开始至3月31日，“大爱清尘”累计向湖北15地市282家医院，直接捐赠3,039台呼吸机与制氧机，占到全国数十家基金会捐赠呼吸机总数的三分之一。

用爱驱走尘埃

王克勤曾说：“要用100年的时间，让尘肺病在中国彻底消灭。”

要让所有处境悲惨的尘肺病农民获得普惠的帮助，过上病有所医、弱有所扶的生活，根本出路在国家制度性的保障上，即让每一个因参与国家经济建设，不幸罹患尘肺病的农民工获得（接近）工伤待遇，不至于因缺乏最基本的医疗与生活保障，年纪轻轻就抛下妻儿，英年早逝，家破人亡。

为此，从2012年1月6日王克勤向国务院法制办公室提交《关于修改〈职业病诊断与鉴定管理办法〉的建议》开始，“大爱清尘”持续展开全国性国情调查与国际性治理经验研究，先后动员百余位全国

国家卫生健康委职业健康司司长吴宗之到访“大爱清尘”

人大代表、全国政协委员持续向最高决策层提交关于尘肺病农民问题的议案和提案。

经过数年如一日的持续奔走呼吁，2018年8月，尘肺病农民问题得到了习近平主席的批示。2019年7月18日，国家卫健委等十部委联合发布了《尘肺病防治攻坚行动方案》，对尘肺病患者实施分类救治救助。更重要的是，尘肺病防治目标将与脱贫攻坚任务同步完成。

这意味着尘肺病农民的医疗和生活保障状况将有很大改善。

而“大爱清尘”的救援不仅仅是救命，更是救心。

勤劳的农民兄弟外出务工本想给家人更好的生活，却意外患上尘肺病，对生活彻底失去了信心。在接受“大爱清尘”的帮助后，他们感到了来自社会的关爱和力量，开始对未来的生活抱有期待。甚至有患者主动加入“大爱清尘”，成为志愿者，帮助其他尘肺病农民把这份爱心传递下去。

长江313基金期望在未来的几年里，携手“大爱清尘”在全国建设30家康复中心，用这种更加科学、高效的方式参与健康扶贫，重新点亮成百上千个尘肺家庭的希望，把这一项目做成长江商学院参与精准扶贫、健康中国的典范项目。

“313公益永不毕业！”这不仅仅是一句口号，更是一份约定。

北京海淀区牡丹园北里的一间民用住宅曾是“大爱清尘”的驻京办公室，白天用来办公，晚上当作宿舍。房内有一张朋友捐赠的旧沙

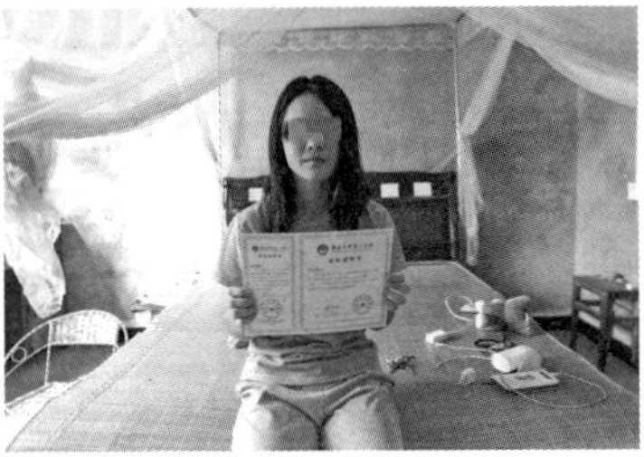

“大爱清尘”帮助的尘肺病农民家庭孩子考上大学

尘肺病农民在“大爱清尘”江西省萍乡市良坊康复中心进行康复训练

发。在沙发上，王克勤曾经做过一个美妙的梦——尘肺病在中国彻底消失了，而“大爱清尘”也不复存在了。

对话王克勤

Q：在长江商学院的课程中，让您印象深刻或影响很大的课程都有哪些，原因是什么？

王克勤：长江商学院的课程是非常系统的。我在长江商学院两年的学习受益良多，从许多老师的教学中都受到启发，虽然有些不一定马上就能用到，但是你观察问题的视野会被打开，思考问题的方法会得到提升，你的眼界会拓宽，重新建构自己的思维体系。

比如项兵院长讲的“从月球上看地球”，我觉得给人一个全新的认知世界的角度和高度。我们大部分人看世界都是平行的或者自上而下的，但“站在月球看地球”是对思维和认知的一个挑战，也是一个提升。还有朱睿教授讲了很多的营销案例，印象特别深刻。

Q：长江商学院两年的学习，对您个人以及“大爱清尘”产生了什么样的影响？

王克勤：先说对我个人的三个改变。

第一，强壮了身体。长江商学院有个别称叫“长江体育学院”，我算是真正体会到了。2018年，我有一阵子身体状态比较差，看到很多同学都在跑步，不少人的年龄与我相差并不大。我想他们能跑，我为什么就不能跑？于是，我从2018年8月开始坚持跑步，每天五六公里。后来，大家鼓励我跑马拉松，于是2019年我完成了4个半程马拉松，为自己感到很骄傲。经过这几年的长跑，许多身体指标得到了改善。

第二，开阔了视野。正如项兵院长所言“要站在月球看地球”，这不仅仅是角度不同，也显示出宏大的格局与气度。不仅仅是项院长，许多教授的精彩观点都会让我受益一生。同学们给我的启发也很大，让我学到了很多企业管理、机构运营的做法和经验。有些同学的企业规模非常大，我发现与这些同学有着独到的眼光与超前的运营能力有关。而这一切实际上源于思考力、决策力，因此，我认识到唯有不断提高思想力，才是最终的制胜之道。

第三，改变了思想。我曾经做了26年的调查记者，几十年在一个岗位上，长期形成的思维就是专心专注地做好自己的新闻报道，报社的其他事情与我无关。某种程度上讲，我是一艘船上的船员，而不是船长。然而创办“大爱清尘”后，我便成了船长，却不知道如何做船长，常常在船员与船长的角色变换中工作，效果很不好。长江商学院的同学们都是船长，并且是非常优秀的船长，大家在一起讨论交流的便是如何当好船长、如何把握机遇、如何化解风险、如何带好团队、如何开疆拓土。对我而言，是一次系统的思想洗礼与思维重建。

再说，长江学习给“大爱清尘”带来的三个改变。

第一，机构管理思想的改变。长江商学院汇聚了中国的商界精英，在两年的学习中，使我对管理的认知提升到了一个高度，完成了由一个专业新闻工作者到基金会管理者的转型，由此也推动了我们机构运营管理方式的提升。

第二，机构运营方式的改变。经过学习，我知道了“大爱清尘”这样的机构属于轻资产机构，最大的资产即是团队，维护好团队，即是运营好了资产。因此，我们对团队建设的重视程度有了一个质的提升。依照现代科学管理原理，我们从制度安排、岗位设计、分工细化诸方面进行了一系列制度整合，切实做到了以制度管人，尽可能地使人力资源有形与无形的作用得到极大发挥。

第三，资源力量的支持与帮助。同学们给了“大爱清尘”很多的支持，积极参与支持“大爱清尘”项目，会诊“大爱清尘”存在的问题，找出解决问题的办法。“大爱清尘”与学员合作，成功完成了“大爱清尘”秦岭行、豫西行等爱心项目就是例证。尤其是2020年春节期间驰援湖北的捐赠行动，除了众筹项目，“大爱清尘”联手社会各界资源，主要是来自长江同学所在的企业。

Q：长江商学院有句话叫“无公益，不长江”，并且规定学员在毕业前必须完成48小时的公益学时，您怎么看这样的规定？

王克勤：作为一个教育机构，尤其作为一个商学院，提出这样一个价值，做出这样一个制度设计，我认为非常好。对此，我要为长江商学院点一个大大的赞。

从现代社会的角度来讲，一个完整的人应该是一个世界公民，既能够作为个体的公民承担责任，同时应该担当公共使命和公共责任，公益和慈善就是每一个人应该承担的公共责任。个人如此，机构亦是如此。

我觉得长江商学院在这方面起到了一个很好的示范效应，希望更多的大学能有这样的制度设计。

Q：您一开始是记者，后来投身于公益，您觉得做记者跟做公益有什么异同点？

王克勤：原来做记者的时候，我是做调查报道，一直在为底层权利受到伤害的人奔走。我一直坚持八个字，“把人当人，将心比心”，这是我价值观的核心。这些年无论是做记者，还是做公益，我都遵循着这样的价值观。

但做公益后发现，这比做记者难多了。做记者的时候，我特立独行，想干什么就干什么，很自由。但创办“大爱清尘”后，我成了一个机构的负责人，真是不当家不知柴米贵，当了这个家之后就是各种操心，有很多要“低头”的地方。但我没有理由放弃，因为还有很多尘肺农民兄弟在等着救助。

Q：公益和商业，您觉得这二者之间又有什么异同点？

王克勤：公益的归于公益，商业的归于商业，这两个还是要截然区分开的。

从道与术上分析，二者在道的层面差异还是较大的。商业在客观上给社会创造了财富，有公益的属性，但商业的目的并不是为了公益，它的目的就是为了利润最大化。而公益的目的是社会效益的最大化，即以解决社会难题为使命。

但在术的层面，二者有很多共通的地方。商业的很多手法、模式、案例对于做公益是非常值得借鉴的，对公益将会有很大的推进作用。

借商业之术，行公益之道。

Q：这些年无论是做媒体，还是做公益，令你砥砺前行的一句话是什么？

王克勤：每一个生命都须用心呵护，每一个个体都该拥有尊严；总得有人在黑暗中点亮灯光，总得有人在寒冷中带来温暖。

本文作者：韩卫峰

案例点评：把“大爱清尘”融入长江

在传统的公益时代，大部分公益项目都集中在扶贫济困上，属于给予和感恩的模式。做得好的公益项目在给予受助人帮助、满足受助人需求的同时，能够收到来自受助人的感恩、感激之情。差一些的公益项目给予的不一定是受助人所需要的，但在项目实施的过程中，他们也忙得不亦乐乎，常常自己感动着自己。

互联网大大提升了公益项目的透明度和公信力，优秀的公益项目不再仅仅局限于满足受助人的基本生活需求，还要能从根本上改变受助人的生存状态。

由长江商学院EMBA31期学员王克勤和中华社会救助基金会共同发起成立的“大爱清尘”公益项目，正是一个从满足受助人基本需求到改变受助人生存状态的成功典范。九年来，“大爱清尘”不仅帮助了八万多尘肺病农民，还将“尘肺病农民”这一曾被社会长期忽视的公共问题推到大众面前，引起社会的广泛关注。

更重要的是，他们持续八年建言献策，推动国家逐年出台相关政策。2019年，国家开始实施全国性的尘肺病攻坚行动，尘肺病农民的艰难现状正在得以全面改善。

还有一个最大的改变，就是王克勤从一个调查记者到一个全职公益人的成功转变。特别是2017年王克勤加入长江商学院之后，他把“大爱清尘”融于长江，同时也把长江带入“大爱清尘”。

长江商学院的同学们不仅直接捐赠尘肺农民的公益项目，多次参加“大爱清尘”公益行活动，还持续捐建尘肺病康复中心，在助力精准扶贫的事业中发挥着重要作用。

在这次新冠肺炎疫情中，王克勤和“大爱清尘”团队携手长江商学院亦是紧急响应，第一时间为湖北多家医院捐赠“救命机”，支援湖北抗击疫情。

因为王克勤就读于长江商学院，把“大爱清尘”融入长江，让“无公益，不长江”的长江公益更加丰富；因为长江商学院校友们的加入和加持，让王克勤和他的“大爱清尘”团队更加饱满。

胡广华（中华社会救助基金会秘书长）

护曦行动

——72小时救助早产儿极限挑战

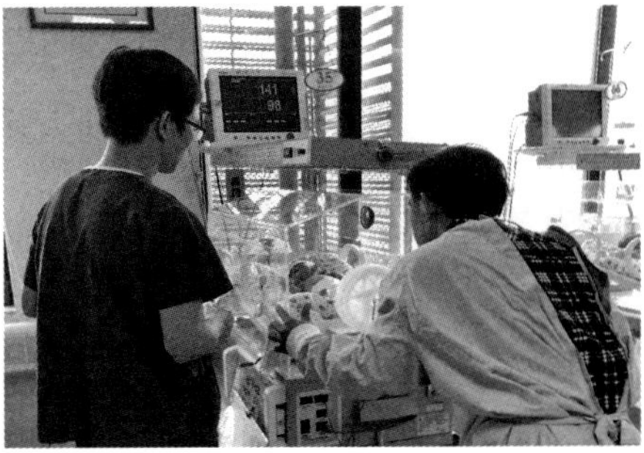

42岁的海翔（化名），拿着妻子和孩子的病危通知单，忍不住在广东省妇幼保健院的角落里号啕大哭了起来，他的妻子是高龄产妇，宝宝刚过31周属于早产儿，产房外的他，只能祈祷着妻儿平安。

经过医院急救，妈妈和宝宝的命都暂时保住了，但由于胎龄过小，宝宝发育不全，海翔和妻子还没见到宝宝，她就住进了新生儿重症监护室，需要在恒温箱里精心呵护，并且还需要一笔不菲的治疗费。

作为宝宝的父母，海翔和妻子比任何人都希望宝宝早日痊愈，健康成长，可前期的保胎加上宝宝的治疗，这个普通的务工家庭已经举

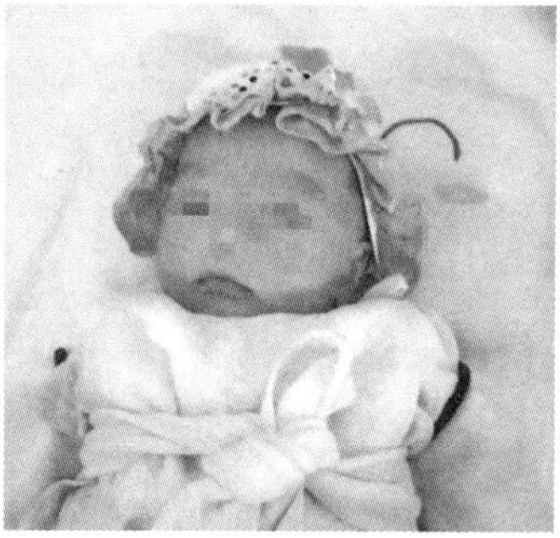
海翔夫妇的宝宝健康出院

海翔夫妇和8个月的宝宝

债4万多元，并且为了照顾还在月子中的妻子，海翔暂时无法工作，家庭收入被迫中断，他越想越绝望，陷入彷徨、无助，到底该如何是好？

新生儿科的医生了解到他们家庭的困难情况后，向他们推荐申请广东省长江公益基金会的护曦行动早产儿救助，在夫妻俩提交申请后仅仅72个小时内，护曦行动就完成了从接收申请、审核、复核到救助金拨付到账的全过程。对这个家庭当时的经济状况，这一万元救助金无疑是雪中送炭。在平安出院后，现在宝宝已经和足月生产的宝宝各项发育指标基本一样，正健康茁壮地成长。

据悉，我国每年约有120万早产儿出生，早产发生率达到10%左右，即每100个新生儿就有10个早产，居全球第二位。在当前出生人口数量下降的情况下，提升新生儿的存活率和生存质量，不仅是对个体和家庭的深切关怀，更是对国家长远的人力资本意义深远。

因此，自2016年开始，长江商学院广东校友们与广东省医学会等专业权威机构共同发起了“护曦行动”，将商业投资的理念和逻辑运用到公益项目上。该项目从设计之初就关注公益资源的投入产出比，整合社会资源，创新地解决问题，搭建覆盖广东全省的患“新生儿肺透明膜病”且无后遗症的早产儿救助网络，持续探索高效救助的运转机制，帮助拯救更多困境家庭的早产儿。

项目自启动至2020年4月，已与广东省内21个地市的妇幼医院、综合医院等30家医疗机构签署合作协议，搭建专业、快速的救助网络与机制，累计收到395例患儿申请，通过审核成功救助368例，项目及时缓解了经济贫困家庭的负担，为早产儿及家庭带去生命的希望。

护曦行动能取得今天的成绩，与长江商学院广东校友会各位校友们的帮助密不可分。

项目启动：长江人，要做更有效的公益

许多长江校友都是商界精英，他们长期在做公益，但随着接触到的公益项目越来越多，发现了一些问题：如善款的使用不够公开透明、资源重叠导致浪费、组织活动只是流于表面形式等。他们意识到，做公益，捐款只是开始，如何高效地使用善款，“用最少的钱，办最多的事”才是最难的。

他们说，在长江商学院学了这么多工商管理的知识，我们应当学以致用，用商业模式推动社会问题的解决，把做企业项目的经验和理

念用在做公益上，我们要做更有效的公益。2015年底，在一批热心于公益的校友企业家的积极推动下，长江商学院广东校友们注册成立了广东省长江公益基金会。

为什么救助目标是“新生儿肺透明膜病”患者？

不少长江校友和朋友热心推荐了各种项目，有教育扶贫、医疗救助，仅医疗救助里，就有儿童先天性心脏病、白内障、肿瘤、罕见病、心理疾病等各种项目。在仔细评估每个项目后，发现大部分项目已经有社会公益机构在关注了，长江校友企业家们认为，在有限资源的前提下，资源重叠是最大的浪费。

那哪个群体、病种是比较缺乏关注但救助意义又很高的呢？校友们继续深入研究，发现“新生儿肺透明膜病”（又称呼吸窘迫症）这种疾病几乎没有公益机构关注，然而它在早产儿中发生率高达10-16%，占全部新生儿死亡原因的30%，占早产儿死亡原因的50%-70%，患儿出生后4-12小时内出现进行性呼吸困难，严重者甚至会发生呼吸衰竭导致死亡。与此同时，在医疗条件达标的医院，只要家长不放弃，是可以治愈的，且有很大希望没有后遗症。

“这不就是我们希望帮助的对象吗！”一笔不算大的金额，就可以拯救一个新生儿的生命，让一个家庭重新充满爱与希望！

社会关注度低，但救助意义大，正是广东校友会选择医疗项目的原则。

整合资源，搭建覆盖全省的专业救助网络

为研究项目的运作模式，长江校友深入调研，先后走访了广东省妇幼保健院陈运彬副院长、广州市儿童医院李伟主任、汕大医学院附属二院李伟忠主任等专家，了解问题的现状，听取一线医生们的意见。

在与专家沟通后发现，真正的需求在大城市之外，更多的隐藏在二三线城市、粤东西北地区。因区域分散，公益机构要覆盖难度较大。长江校友们决定努力解决这个问题。“公益项目应当像投资一样

运作，精准投入，投到最需要的地方，才能真正帮助到最需要帮助的人。”

如何让项目成功覆盖到广东各个地区，建立有效的救助网络？在素未谋面的情况下，双方如何建立高效的沟通渠道，并做到互相信任？在长江校友的资源帮助下，项目迅速对接了成立于1917年的具有较大影响力的广东省医学会，在积极沟通交流后，医学会对长江广东校友会和公益项目有了充分的认可与支持，最终成为护曦行动联合发起单位。

整合资源，借力广东省医学会，使项目运作快速而专业。省医学会医学评审部牵头统筹项目评审环节以及质量评估工作，并由省医学会围产专业委员会及新生儿学专业委员会的专家，就项目实施过程的关键问题，如救助对象、病患指征要求、合作医院定位、项目评审模式等进行了系列探讨。

项目模式初定后，立即向广东省内各地市医院发出邀请，很快得到了各医院的积极响应，纷纷提交合作申请。以广东省妇幼医院的陈运彬副院长为首的专家组负责审核申请医院儿科急救的资质，包括医院配备的床位、呼吸机、保温箱数量，医生的诊疗水平、过往救治病例等，从专业化的角度进行审核；短短几个月时间，护曦行动就与27家具有急救“新生儿肺透明膜病”条件的医院建立合作，搭建起全省救助网络。至2017年，已与广东省内21个地市的妇幼医院、综合医院等30家医疗机构签署合作协议。

历时两年，打磨快速救助流程

合作救助网络覆盖了全省各地，如何才能在最短时间内，让需要帮助的家庭拿到这笔救助金？如何让各方力量积极参与进来，共同守护弱小生命及脆弱家庭？护曦行动项目组在两年间的实践里，不断与合作医院、项目专家、受助家庭进行沟通、讨论，先后六次发文给合作医院精简优化流程，摸索出一套“从医院到医院”最高效的闭环方法。

护曦行动项目组决定将判断交给一线医生，他们是距离患者家庭最近的人，见过形形色色的患者及家庭，更重要的是，项目组相信医者仁心；由病患所在的医院科室进行自评、医院予以初审，在合作医院新生儿科的医护人员的高度参与和配合下，第一个难题就这样解决了。

第二个难题接踵而至，长江校友们毕竟不是专业的医生，如何判断申请人的情况是否适合救助？救助风险高吗？是否会有后遗症？专业的事必须交给专业的人来干！项目组设计出了三重审核机制：基层医院递交申请——省医学会审核资料完整性——省新生儿重症专家组轮值在线专业评估——基金会完成拨款救助。既要专业也要快速！这看似复杂的救助流程，在长江公益基金会和广东省医学会的反复精心打磨下，只需72小时，甚至经常在48小时内完成。

在几次合作之后，新生儿科医生毕广良所在的南方医科大学南方医院已经是护曦行动的“头号粉丝医院”，对护曦行动赞叹不断。

“我们曾接到一个早产儿，因其家庭经济十分困难，没有定期产检，因此其母高危因素和胎龄均不详，该患儿出生后即出现呼吸困难，有‘新生儿呼吸窘迫综合征’表现，当时家属交完600元住院押金后，几乎已经拿不出更多钱了。在我们帮助家属提交申请后，护曦项目组在3天内就完成审核和发放救助汇款，让我们对贫困患儿的救治减少了后顾之忧。这种高效的救助机制是许多社会救助平台无法比拟的。”

这样真实的令人动容故事还有许多。没有任何冗余的步骤，没有形式主义的文书，从病患家属提交申请到善款打入患者的医院账户中，整个流程只要48小时至72小时，是所有合作方基于“既要专业也要快速救助”的一致目标，共同努力的结果。

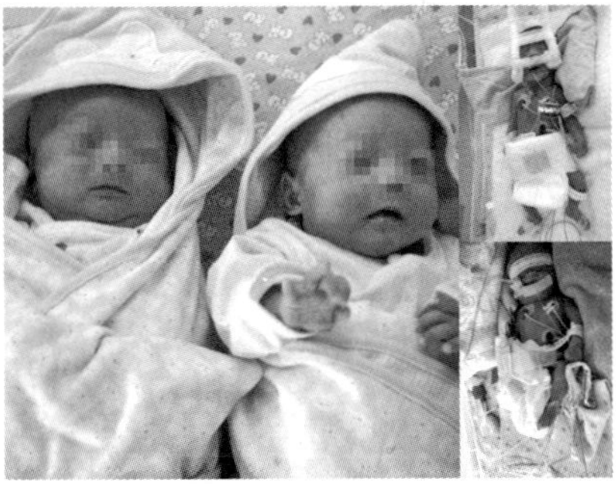

护曦行动救助的双胞胎宝宝

延伸项目链条：培训青年医生，提升基层医院救治能力

三年来，护曦行动项目的救助网络和流程机制稳健运行，实现高效救治目标后，校友们又开始思考，除了救助，能否在前端的诊疗阶段做更多呢？校友们提出，项目可以从末端救助向前端医生培训延伸，可以进一步整合专家资源，每年培训一批基层青年医生，帮助掌握最新的技术，提高基层医院早产儿救治水平。

专家们对这一想法非常支持，热心地出谋划策，对培训时长、培训内容、培训形式等进行细致研讨："培训时间在1个月比较合适，现在儿科医生紧缺，1个月的时间医院还轮转得过来，超过1个月就很困难了，而且1个月的时间确实可以掌握一些知识并上手了。我觉得临床实践特别重要，建议青年医生大部分时间直接跟着专家临床学习，看着真实的病例可以更快速地掌握提升各方面的专业技能。"

2019年7月份，首届"粤东西北地区新生儿科骨干医生专项诊疗技术培训班"顺利开班。9位来自粤东西北的青年医生齐聚广州，在广州5家国家新生儿围产期医学专科培训基地——广东省人民医院、广东省妇幼保健院、南方医科大学珠江医院、广州医科大学附属第三医院、广州市妇女儿童医疗中心，顺利完成了为期一个月的培训。

一个月里，青年骨干医生们紧张忙碌地投入临床学习。学科顶尖专家亲自授课并带教，从基础理论温习起，再由浅入深讲解前沿的实操运用，包括最新的呼吸机在新生儿临床治疗中的应用、深静脉置管的应用，同步国际上最新的指南。通过系统培训，提高了基层医院新生儿救治的整体医疗水平，让更多患儿得到及时救治，减少后遗症的发生。

茂名市妇幼保健院新生儿科陈勇才说："很荣幸能参与了这次培训，在专业导师的指导下学习了呼吸机使用，PICC置管，脐动静脉穿刺，静脉营养等相关专业知识。我将把学到的知识和技能带回我院与其他伙伴们分享，这将会大大提升我们医院的救治水平。"

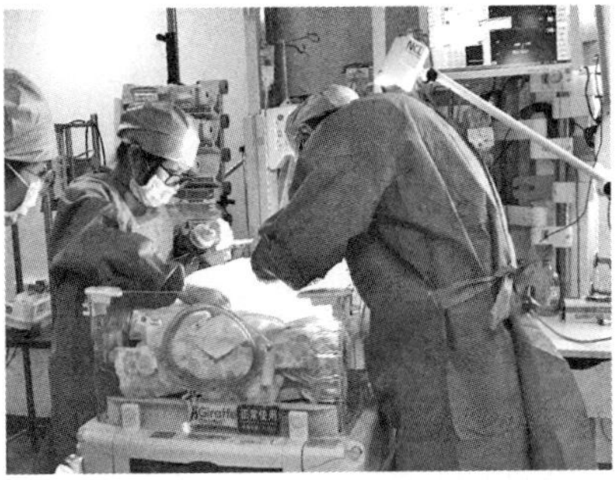

首届"粤东西北地区新生儿科骨干医生专项诊疗技术培训班"结业仪式

长江校友，爱与责任的担当

“护曦宝宝”出院后，还需要一些专家指导家长科学育儿，各地医院虽然也会定期回访，但由于次数有限，难以满足家长们的需求。这时EMBA14期校友张乃公主动提出，可以依托自己创立的广州爱博恩妇产医院有限公司的资源，对广东省内家庭困难的早产儿提供早期干预训练、发育评估、喂养指导等医疗指导。

2018年11月，爱博恩公益基金早产儿有爱之家正式落地，第一阶段对广东省内100位1岁以内的早产婴儿提供“早产儿发育评估”+“早产儿360°养育指导课包”健康管理支持，通过专业知识普及与医疗救助，帮助更多需要帮助的妈妈和儿童。

护曦行动在带动长江校友多元参与公益的同时，还积极动员更多的社会力量加入，比如在阿里公益平台上线公益宝贝、腾讯公益的99公益日等，每一步尝试都得到校友和企业不遗余力的支持。

2019年，项目上线淘宝公益宝贝，将校友企业产品销售与网络平台捐赠相结合。蔡晓东（DBA5期、EMBA12期）、邓申伟（EMBA21期）、郑奕光（EMBA28期）等校友企业的淘宝旗舰店，都积极响应。

2017年开始，项目连续3年在99腾讯公益活动期间公开募捐，谢建春（EMBA5期）、张乃公（EMBA14期）、胡铁钢（EMBA27期）、李若丹（EMBA34期）等校友企业参与配捐支持，20家护曦合作医院踊跃参与，每年都带动几千人次的捐赠，在筹集了社会善款的同时，提升了项目的社会影响力和关注度。

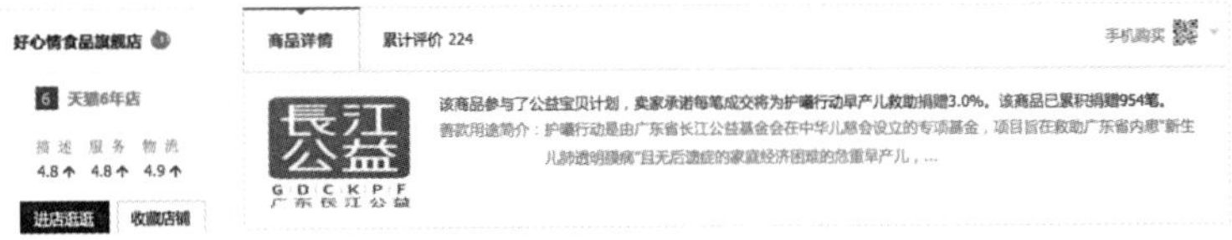
好心情食品旗舰店
6 天猫6年店
描述 服务 物流
4.8 4.8 4.9
进店逛逛
收藏店铺
商品详情
累计评价 224
手机购买
長江公益
G D C K P F
广东长江公益
该商品参与了公益宝贝计划，卖家承诺每笔成交将为护曦行动早产儿救助捐赠3.0%。该商品已累积捐赠954笔。
善款用途简介：护曦行动是由广东省长江公益基金会在中华儿慈会设立的专项基金，项目旨在救助广东省内患"新生儿肺透明膜病"且无后遗症的家庭经济困难的危重早产儿，...

万事皆空
善不空
护曦行动
守护早产儿
邀请您
一块做好事
李若丹
广东省长江公益基金会理事
长江商学院广东校友会校友
广州观檀文化艺术品有限公司董事长

邀请您一起捐
成为爱的一员
扫一扫
爱心捐款
天进品牌营销策划公司
点滴之爱 · 可成长江

邀请您一起捐
成为爱的一员
扫一扫
爱心捐款
广东省长江公益基金会
每一个小生命都来之不易，
为生命护航，伴生命起舞！

你捐1份，我捐6份，蛮牛投资陪你做公益
护曦行动
守护早产儿
邀请您
一块做好事
谢建春
广东省长江公益基金会理事
长江商学院广东校友会常务副会长
广东蛮牛投资管理有限公司董事长

你捐1份，我捐6份，
广东建中建设
陪你做公益！
铁汉柔情，守护弱小生命！
护曦行动
守护早产儿
邀请您
一块做好事
胡铁刚
广东省长江公益基金会理事
长江商学院广东校友会副会长
广东建中投资管理有限公司董事长

关爱早产儿 健康第一步
你捐1份，我捐6份，
广州爱博恩妇产医院陪你做公益！
护曦行动
守护早产儿
邀请您
一块做好事
爱博恩妇产医院
儿童保健中心儿科团队

公益另一层的意义在于唤醒

做公益不仅要有善心，还需要有能力。比尔·盖茨曾多次在公开场合表态：“赚钱难，但花钱更难。”每个长江公益人何尝不是抱有同样的想法？要把钱花到实处，要花出结果来，花出效率来，能够让社会发生变化，让人发生变化，这不是“抠门”，而是一种本事。

公益另一层的意义在于唤醒，唤醒自己更大的能量，唤醒更多人心中的善意。如今，在校友王泽瑶和长江广东校友们影响下，越来越多的人逐渐开始关注公益，参与公益行动，这大概就是公益的力量。

对话长江校友

Q：您认为护曦行动对当下中国医疗救助类公益最重要的启示是什么？

王泽瑶（长江商学院广东校友会常务副会长，广东省长江公益基金会理事长）：护曦行动带给当下中国医疗救助类公益最重要的启示是，现代公益需要能力，企业家有商业理念和企业管理的经验，如能应用到公益项目中来，将对公益的运转水平和提高社会效益发挥积极作用。

公益要在深入调研中找到真正的需求，建立有效的网络，并将网络下沉到基层，现在最迫切的需求不在一线城市，而是在二三线的基层，要避免形成资源的重叠和浪费。

“凝聚商业智慧，绽放美好生命”，广东长江公益是由企业家组成的，希望能影响更多有影响力的人，汇聚更多的力量帮助和参与解决更大的社会问题。

张乃公（广东省长江公益基金会公益理事，广州爱博恩医疗集团有限公司董事长）：推动公益事业，是一件非常有意义和价值的事情。但除了某些场景下的救“急”外，我们还要考虑后续的“授之以渔”，护曦行动就是这样的公益项目。护曦行动重点在医疗救助和基层医生培养，而爱博恩专项公益基金成立的“早产儿有爱之家”，发动儿科医护人员组织健康筛查、电话咨询、义诊、讲座、家访等各种方式，与护曦行动形成合力，既能发挥爱博恩这样的医疗团队的专业性及医疗资源，又能向社会各界普及正确的育儿观、医学知识，让更多的家庭受益。

李若丹（长江商学院广东校友，广州观檀文化艺术品有限公司董事长）：护曦行动救助的对象非常小众，但社会意义较大。医疗救助的首要目标是救活，每个脆弱的小生命得到救助后是健康存活的，对个人、家庭、整个社会都是及其有意义的事，尤其是出生率连续下降的这几年里。另外公益项目就是社会资源整合，撬动多方力量参与，护曦行动从调研立项、救助标准设定、救助网络的建立、审核及救助金拨付、源源不断的善款捐赠，离不开医疗专家、合作医院、长江校友们的积极参与。公益不是一个人做很多，而是很多人为了爱一起做一点，这个世界就会更美好。

Q：您认为做公益除了需要资金，还有哪些条件是不可或缺的？

谢建春（长江商学院广东校友会副会长，广东省长江公益基金会公益理事，广东蛮牛投资管理有限公司董事长）：做公益是爱和温暖的传递，除了资金之外我认为最重要的一点就要拥有一颗温暖、善良、充满爱的公益之心。我们的每一次公益行为都会为更多悲观者带来希望，给更多逆境者送去温暖。

对我们来说或许只是举手之劳，但勿以善小而不为，点滴成江河。我们的“举手之劳”都或将成为受助者人生最重要的转折点，每每想到这一点，我的内心都会督促自己，不能停下做公益的脚步。“赠人玫瑰，手有余香”，做公益在帮助他人的同时，也温暖了自己的心。

做公益不应是一时兴起，而是发自真心，需要持之以恒的，在这个互帮互助才能走得更远的社会中，我们每一个善意的举动都将以各种形式回报到自己身上，而这种回报甚至高于金钱。

胡铁钢（长江商学院广东校友会副会长，广东省长江公益基金会公益理事，广州建中建设有限公司董事长）：除了资金以外，最不可或缺的就是一颗公益的心，王泽瑶理事长经常讲的“四出精神”就是围绕着这个。广东长江公益基金也秉承这一精神，让校友的集体公益从无到有到形成一定的影响力，是参与公益的各位长江校友用心浇筑而成，才能让这个项目确确实实地帮助了很多需要帮助的家庭，也达到一定的影响力。另外很重要的就是感恩的心，非常感谢在护曦行动中，所有支持和参与行善的人，除了出钱、出力、出席，还有各种用心的奉献，都是我们所需要的，也是我们想感谢的。

郑奕光（广东省长江公益基金会公益理事，广东好心情食品集团有限公司董事长）：广东校友会及公益委员会提倡智慧公益，将可持续发展公益项目引入专业评估评审，财务定时公告公开透明，公益基金管理人员的专业化、高素质，要求选拔及运营人员具有勇于担当的责任心。这些是我认为除了资金之外，能持续吸引更多同学参加的动因。

Q：在您看来，长江校友做公益有哪些独特的优势？

黄挺（长江商学院广东校友会常务副会长兼秘书长，广东省长江公益基金会公益理事，广州天拓信息科技控股有限公司总裁）：广东校友会的所有服务团队都非常重视公益，经过两届服务团队的探索、打磨，逐步形成比较适合长江校友这个圈层参与和能够去推行的公益模式。

第一，公益模式融合了企业经营与管理的思维。像企业一样不断从0到1，1到10，10到100发展模式的迭代，现在的公益基金会应该是完成了1到10这个积累，我们想有机会往10到100这个3.0的模式去发展。因为作为校友我们有相同的知识背景、相同的思维模式，用商业思维及模式推动社会问题的解决是我们的共识。

第二，公益领头人和团队是核心。王泽瑶主席对公益热忱且无私奉献，所带领的专业的公益团队，务实地将一个一个公益项目推进和落实，让校友看到成效，看到自己的善心、善款得到妥善有效使用。

第三，公益的氛围、文化、基因是发展的根基。“无公益不长江”这是长江校友的基因，那么校友会的公益平台就要搭好，公益氛围营造好，让更多校友有机会参与进来、投入进来。

第四，做社会关注度低但社会意义较大的补缺型项目。对实质问题敏锐捕捉的同时，还要清晰定位，做社会上大的慈善项目中补位空缺的项目，让有限的公益资源效率最大化，这是我们能够不断迭代跟进化的一个重要原因。

Q：您对长江公益未来的期许是怎样的？

蔡晓东（长江商学院广东校友会联席会长，广东省长江公益基金会创始主席，奥飞娱乐股份有限公司总裁）：从2015年起，我们共同见证了长江广东校友会捐资重建“沟美小学”、开启苔花开乡村儿童美育计划、护曦行动早产儿救助、精英助力计划等集体公益项目，每一次我们都看到长江广东校友们群策群力，汇聚集体智慧一齐做公益。校友们为了将这份集体公益的精神和行动延续下去，于2015年正式成立了广东省长江公益基金会。至今，我们一直深耕集体公益项目，并向专业化、系统化、规模化发展。

未来，在人类命运共同体时代下，长江商学院广东校友企业家们将重点关注弱势群体的教育及医疗援助，并探索济困扶贫的公益创新模式；秉承“凝聚商业智慧，绽放美好生命”的使命，带动更多的热心企业和个人加入公益队伍，将基金会建设成为“商学院企业家集体公益事业的引领者”，推动长江公益慈善事业的长远发展，为构建人类命运共同体尽绵薄之力。

庄泽勇（长江商学院广东校友会联席会长，广东省长江公益基金会创始主席，广州中侨置业投资控股集团有限公司董事长）：2020年初，新冠肺炎疫情暴发，广东长江公益从最开始的捐钱捐物，到通过湖北校友会定点帮扶驰援广东驻鄂医护人员，再到委托校友建立口罩厂助力校友企业复工复产，实现商业与公益的可循环，充分体现了长江公益从1.0到2.0再到3.0模式的转变与发展，实现了通过更科学、更透明、更高效的方式，帮助弱势群体与受助人群的理想的社会与经济双效益。

长善为本，大爱如江！展望未来，我认为长江公益可向以下三点靠拢，继续努力前行：

第一，与时俱进做公益。目前，互联网+、人工智能、区块链、5G接踵而至，科技创新带来天翻地覆的变化，公益事业应紧贴时代浪潮，将科技的创新与力量运用到公益事业中，提升“公益生产力”。

第二，用商业思维解决社会问题。越来越多的企业家加入公益事业的行列中，企业家带来的除了金钱，更重要的是商业思维和创新意

识。公益与商业形成的“善经济”将推动公益事业的长足发展。

第三，社会动员，全员参与。伴随着社交壁垒的打破，社会的跨界互动交流日益频繁。资源互补、链接、整合让中国公益更具良性、参与性更广，话题性更强，参与人数更多，全员公益的时代正在到来。

展望未来，不忘初心。长江公益以点带线、循序渐进，公正地、科学地、高效地践行公益事业，为更多弱势群体奉献爱心、缔造希望、传递正能量，同时为中国培养一批具有全球视野和全球担当的企业家，为中华民族的伟大复兴奋斗!

长江广东校友会公益创始主席名单

序号	姓名	届别	企业职务
1	沈亚	DBA首期、EMBA8期	唯品会（中国）有限公司创始人、董事长
2	徐宇	EMBA9期	赫基国际集团创始人CEO
3	王泽瑶	EMBA10期	广州美富创业投资企业（有限合伙）董事长
4	蔡晓东	DBA5期、EMBA12期	奥飞娱乐股份有限公司 总裁
5	庄泽勇	EMBA21期	广州中侨置业投资控股集团有限公司董事长
6	柯荣卿	CEO5期	广州路翔投资有限公司 董事长
7	陈奕民	EMBA18期	宜华健康医疗股份有限公司 董事长
8	蔡立东	DBA6期、EMBA21期	味立东方控股（广东）有限公司董事长
9	朱晓励	DBA6期、EMBA25期	广州励丰文化科技股份有限公司副董事长
10	郭子龙	EMBA25期	广东中凯文化集团有限公司 董事长
11	朱强	EMBA26期	广东爱成集团有限公司 董事长
12	向阳	EMBA26期	广州意澳文化传播有限公司 总经理
13	林秀浩	EMBA28期	黑牛食品营销有限公司 董事长
14	张超民	总裁07期	广州民营投资股份有限公司 董事长

本文作者：陈晓琳

案例点评

我认为护曦行动是一个很好的公益项目。好在以下几点：

1. 项目的关注对象是一个极端弱势群体。处于人生成长最初阶段的贫困家庭早产儿，犹如刚刚含苞的花蕾，还没来得及绽放便遭遇凋零的危境，他们的处境最能触动社会的共情。

2. 项目的逻辑清晰。为什么要关注这些孩子，除了对这些孩子和他们的家庭的意义，这个项目对于社会的意义在哪里？从最一开始，项目设计者都想得很清楚。

3. 项目的方法得当。执行过程抓住了三个要点：一是依靠专业的力量，不盲动；二是透明公开地执行，保证公众监督下执行；三是注重救助体系的建立，而不是简单地盯着个案。

总体上说，这个项目从关怀一个特殊弱势群体入手，探索综合提高社会效率的思路和方法，有比简单救助弱者更重要的意义。期待长江学子在公益道路上推动我们国家的社会进步。

陈行甲（深圳市恒晖儿童公益基金会理事长，深圳市基金会发展促进会执行会长）

毕节精准扶贫项目

——八座便民桥和一片猕猴桃种植园

2013年11月，习近平总书记到湖南湘西考察时首次做出了“实事求是、因地制宜、分类指导、精准扶贫”的重要指示。

2014年3月，习近平总书记参加两会代表团审议时强调，要实施精准扶贫，瞄准扶贫对象，进行重点施策，进一步阐释了精准扶贫的理念。

2015年2月，人民日报刊文《精准扶贫看贵州》，指出贵州是中国贫困面最大、贫困程度最深、扶贫开发任务最重的省份之一。

2015年6月，习近平总书记来到贵州，强调要科学谋划好“十三五”时期扶贫开发工作，确保贫困人口到2020年如期脱贫，并提出扶贫开发“贵在精准，重在精准，成败之举在于精准”。

对于位于贵州西北部依附云贵高原，少数民族人口占总人口比重25.88%，人均GDP排全省倒数第一的毕节市来说，“精准扶贫”注定是一场智慧和人心的考验。

在这场脱贫攻坚战中，金烈森和他的总裁16期同学们，却在无意有心中走出了一条产业扶贫的精准之路。

无心插柳柳成荫，意料之外的公益缘起

扎根毕节13年，浙江天台人金烈森在这片土地上创造着财富，同时也在这片土地上见证了很多贫困。

毕节市，位于乌蒙山腹地，是川、滇、黔三省的交界地带，最高海拔有2900多米，最低海拔只有400多米，海拔相对高差大，山地多，耕地少，俗话说这里是“九山半水半分田”，山高水险、沟壑纵横，且气候不适宜种植水稻，农作物以玉米和土豆为主。在一些贫困山区，人们的主食甚至就是土豆。

而这里又是一个少数民族聚居区，毕节有77个民族乡。第六次全国人口普查显示，56个民族中共有45种民族分布在毕节，少数民族人口占全省总人口的25.88%，语言和文化的隔膜又给这里的经济发展带来了另一重障碍。

在采访过程中，金烈森曾动情地说在这里见到的一些贫困家庭让他难以想象，有独自抚养残疾儿子的八十岁老奶奶，有需要靠种地供五个子女上学的老夫妻，由于人口多，耕地少，大部分青壮年都选择了出去打工，留在家里的都是老人和孩子……

2015年，在统计局发布的贵州贫困人口统计状况中，毕节市贫困人口达115.45万人，占全省的23.4%，贫困人口占比在贵州各市中居第一；115万，这对一个地级市来说是一个庞大的数字；2018年

虽然毕节市的GDP总量已排到全省第三，但人均GDP还是全省倒数第一。

在毕节这片土地上似乎注定有很多奋斗、挣扎乃至新生的故事。

在这里奋斗13年，金烈森没有忘记这片土地上苦苦挣扎的老百姓，自己的企业在毕节当地就参与了两个村庄的扶贫工作，支援整个村庄的道路硬化、路灯、电网等基础设施的建设，有了基础还不够，还得给村民们一条活路，帮助他们发展养殖业，养牛、养羊、养猪；这里虽然耕地少不适宜种植水稻，但生态环境优越，污染小，种植纯天然蔬菜恰恰是最好的选择，他免费给村民们提供菜苗，甚至负责蔬菜的销路拓展……金烈森个人获得过毕节慈善总会突出贡献奖。

然而这次长江商学院总裁16期53名同学的公益故事并不是一开

始就冲着公益去的。

毕节虽然长期经济发展落后，但这里山环水绕，自然环境优美，这里有世界地质公园织金洞，有绵延50余公里的原始杜鹃林——百里杜鹃风景区，这里的少数民族热情好客，有苗、彝、布依等各种民族风情……

2018年4月，一个杜鹃花盛开的季节，金烈森邀请总裁16期同学到毕节游玩，没想到却开启了另一个故事。

在“山路十八弯”处架起八座便民桥

位于赫章县城西北部的安乐溪乡，总人口1.6万人，在2009年底全乡共有劳动力6870人，但在这6870人中有将近一半人只有小学文化。这里居住着汉、彝、苗、蔡家等民族，少数民族人口占总人口的22%。全乡耕地面积14747亩，人均耕地面积只有1.11亩，其中25°以上的坡耕地就占80%以上。

乡内最高海拔2400米，最低海拔1640米。境内山高坡陡，沟壑纵横、土地破碎，形成了“三沟六面坡”的特殊地理状况。

险恶的自然地理环境，不仅让这里的村民难于致富，更是给他们的日常生活带来了极大不便，平顶、营上、甘河、营坪、青山5个村的村民分别居住在河沟两侧，从一个村子走到另一个村子，看着似乎很近，走起路来真是山路十八弯，半天都看不到尽头；孩子们每天上学也要步行好几个小时，常常是天不亮就起床，放学回到家时天已擦黑，不管严寒酷暑，每天都是如此……

2018年4月之前，总裁16期50多名来自全国各地的企业家们甚至不知道在祖国的角落还有这么一小块地方的存在；但2018年4月之后，或许他们每个人都将终身铭记这里。

总裁班16期同学参观贵航锂电池项目

金烈森邀请总裁16期同学到毕节来游玩，本意是自己做东让他们来欣赏杜鹃花海，顺便考察在毕节下有没有什么可以合作开发的项目。没想到遇到了毕节市委市政府的产业扶贫推介会，在推介会中大家

总裁班16期同学乘车参观力帆时骏项目生产线

了解到毕节贫困山区人们的生存状况，同学们你一言我一语，最后一合计，干脆来做个公益项目吧。他们来自各个行业，对产业链的运营都有自己的心得，看到山区这么贫困，又能把自己这些年积累的经验和眼界用到实处，53名同学很快达成一致，产业扶贫正好走到了他们的心坎上。

善意的涓涓细流汇聚在一起，大家心是热的，但一开始也不知道该做什么、怎么做。

一说起做公益，在总裁16期的微信群里，大家叽叽喳喳，北京、河北、山东、浙江、四川、安徽……这些来自天南海北的人们瞬间聚焦到一个话题。首先是钱的问题，大家纷纷开始认捐，没想到短短的几小时，认捐金额达到了250多万元。

有了钱，该用到哪里呢？谈到毕节山区的交通状况时，金烈森笑称说是“山路十八弯”。想脱贫先得解决交通问题，连日常生活都不便，人们大概很难通过各种生产活动去致富了，而且上学的困难也成了制约这里受教育水平的一个因素，大量老人小孩留守家中，学生们每天跋涉几个小时去上课，在路上也不安全。

想致富先修路，但是对于沟壑纵横的毕节来说，修桥更能解决人们眼前的难题。就这样，他们来到了赫章县安乐溪乡。安乐溪乡共辖13个村，有5个村的村民分别居住在河沟两侧，采购生活物资、上学，甚至是走亲戚都很不方便。现场勘探过地形后，大家决定在平顶村、营上村、甘河村、营坪村分别建设1座爱心便民桥，在青山村建设4座便民桥，一共8座。

说干就干，2019年2月，修桥工程如火如荼地开工了，历时4个

月，8座便民桥全部修建成功。每座桥造价10万元，一共花费了80万元。

每座桥虽然不大，但对当地村民生活状况的改善却很大，以前两三个小时的路程现在只要不到一个小时，关键是孩子们上学方便了，村民们日常出行也方便了，小小的一座桥，解决的却是生活的大难题。

做公益不在名号多响亮，重在落到实处，切切实实地解决老百姓的问题。这是金烈森和总裁16期同学们的初心。

桥建好后，还有一件值得一提的趣事，大家想着给这8座桥取名字，让自己的爱心永远留在这里，但是怎么取呢？53个同学都有贡献，众口不一。班委坚决不要“冠名权”，一番推脱，这帮半辈子跟生意、跟数字打交道的企业家们最后决定采用一个最公平的方式，捐款达到一定数额可以认领一个命名资格。最后，这8座爱心便民桥分别命名为：聚能桥、旭尊桥、傲然桥、彩阳桥、亚林桥、尚凝桥、七天富桥和万景桥。聚能、傲然、彩阳……这些名字有的是他们自己的名字，有的则来自企业的名字，朝气蓬勃、昂扬向上，不同的名字背后，都凝聚着总裁16期同学们对这座偏远小城的期望。

时光易逝，但或许数十年、上百年后，这些桥仍然屹立在这里，那是长江人的公益心。

青山不改，绿水长流，时间不敌公益心

“便民桥有效地解决了我们五个村老百姓的出行问题，极大地方便了他们的生产生活，同时也保证了孩子们上学的安全……这很了不起的！”安乐溪乡的蔡书记心直口快，采访时一开口就能感受到他的热情。

没有通桥之前，平顶、营上、甘河、营坪、青山5个村的村民烧煤都是人背马驮，耗时耗力，基本的生产物资运输都花费这么大力气，更别说致富了。俗话说，想要富先修路，可在“山路十八弯”的安乐溪乡，恐怕要变成“要想富，先修桥”了。桥通了之后，日常生活用品、煤炭等生产生活物资就可以直接用车推到家门口了，省时省力；对这里的130多户村民来说更是给了他们一个看到外面世界的希望。有希望，就有未来；有希望，才有继续奋斗的动力。

在安乐溪乡一共有3所学校，在没修桥以前，这5个村子里一共有30多个学生每天都要走木板桥过河去上学，他们年龄在八九岁到十几岁不等，木板桥年久失修，下雨河水暴涨都成了威胁孩子们上学安全的因素。而且他们中很多都是留守儿童，到了下雨天，没有家人来接送的，只能自己胆战心惊过河。上学，对一些城里的孩子来说可能是一件需要督促的事情；但是在这里，却是一件需要冒着生命危险的事。

对这30多个学生而言，这八座桥不仅连接了家和学校，更是通往书本，通往梦想和未来的道路。十几年后，当他们走出大山，他们会记得这几座桥吗？不一定，但是只要他们走出去了，这些桥的印记就镌刻进了他们的生命里。

青山不改，绿水长流。时间会流逝，但长江商学院的公益心将永远镌刻进这8座桥里，伴随这些大山里的孩子走向未知的远方。

授人以鱼不如授人以渔：种下水果之王，收获希望

猕猴桃，被誉为“水果之王”，除了含有丰富的维生素C、维生素A、维生素E以及钾、镁、纤维素之外，还含有其他水果比较少见的营养成分——叶酸、胡萝卜素、钙、黄体素等。猕猴桃的营养价值远超过其他水果，它的钙含量是葡萄柚的2.6倍、苹果的17倍、香蕉的4倍，维生素C的含量是柳橙的2倍。

猕猴桃营养丰富大家都知道，但很多人不知道的是，中国是猕猴桃的原产地，而温暖湿润的贵州就是其中一个重要产区。贵州修文猕

猕桃，甚至是中国国家地理的标志产品。

新发布依族乡，位于毕节市威宁县东南角，地处两省（贵州、云南）三县市（水城、威宁、宣威）结合部，这里属于高原山地和峡谷相间地貌，最高海拔2680米，最低海拔1275米。层峦叠嶂，沟壑深涧纵横交错。而威宁彝族回族苗族自治县平均海拔2200米，是贵州省面积最大、海拔最高的县。乌蒙山脉贯穿县境，其间屹立着四座2800米以上的高峰。险恶的地势，不便的交通，多民族杂居，所以在很长时间里，威宁县都是人们口中贵州最穷的县之一。

当贵州最穷县下面的民族乡碰上长江商学院的同学们，会碰撞出什么样的火花呢？

“这里的老百姓非常朴实、真诚，这里一直贫困落后除了自然环境恶劣、交通不便等因素外，还有一个很重要的原因是，这里的人们眼界和思路没有和外面的世界沟通，信息也不畅通……”在采访的过程中，金烈森不止一次地说道。

但外面世界的信息和最新的商业思路恰恰是长江商学院同学们具备的啊！

猕猴桃原产地是中国，传入外国后经过品种改良又叫作奇异果，而在超市里奇异果的价格几乎是猕猴桃的一倍。新发乡山地多、温暖湿润，关键是环境污染小，不适合种植水稻等农作物，但种植猕猴桃恰恰有得天独厚的优势。

和当地政府沟通后，2018年12月，200亩猕猴桃种植基地的建设与种植在新发乡布依族村轰轰烈烈开锣了。购买苗木、水泥杆、顶部拉丝等费用全部由总裁16期同学们承担。

选择在这里种植猕猴桃，其实蕴藏着长江商学院同学们的深思熟虑，贵州本就是有名的猕猴桃产区，这里盛产的红心猕猴桃微酸浓甜，清香浓郁，不仅口感好，外形佳，还有很高的营养和药用价值。依托贵州特产这艘大船，种植猕猴桃是第一步，之后形成完整的产业链，进行深加工，再生产、再开发，说不定会拉动新发乡整个区域的经济发展。

2019年6月，200亩猕猴桃已经完全完成种植，然而这只是迈出了新发乡产业扶贫的第一步，重头戏还在后面。

产业扶贫如何能做到精准？如何能让老百姓从根上摆脱贫困？这是金烈森和总裁16期同学们一直在思考的问题。如果只是让村民们短暂地摆脱贫困，把募捐到的200多万直接发出去就好了，为什么还要费心建猕猴桃园呢？从决定建猕猴桃种植园开始，金烈森和同学们就决定走一条可持续的致富之路。

和当地政府商议后，大家一致决定，这200亩猕猴桃种植园采取合作社+贫困户的模式，由合作社统一经营管理，与贫困户建立利益联结机制。合作社负责苗木购买、技术支持、销路拓展，这样就完全打消了村民害怕无人购买，或者种植技术不成熟的问题。授人以鱼不如授人以渔，合作社教村民们栽培技术、病虫防治技术，这样村民们相当于自己掌握了一门创收的手艺。只要是建档的贫困户都可以根据自身情况来认领种植园，而且考虑到劳动力短缺，照顾到留守老人或者残疾人，种植园还进行了详细的分工。

200亩猕猴桃园，到挂果成熟后，预计会产出400到800吨猕猴桃，带动140户贫困户脱贫增收。届时，原本寂静的新发布依族乡在田间地头和房前屋后都将是一片丰收景象。

“不把这200亩猕猴桃种植园经营好，对不起这些爱心企业家”

2020年，是叶世发书记在新发乡挂职帮扶的第三个年头。

新发乡是整个毕节市深度贫困最典型的代表，贫困发生率在威宁县排第一。威宁县是贵州省贫困人口最多的县，而威宁县贫困发生率最高的10个村就有6个在新发乡。帮助这里的村民脱贫，是一块难啃的硬骨头。在这两年多的时间里，叶世发带着老百姓们做了很多，他深知产业扶贫是最根本的一种扶贫方式，可是产业扶贫涉及的要素众多，光是第一步资金筹措就是个大难题。

所以，当他得知长江商学院的企业家们要在这里捐赠扶贫项目时，仿佛遇到了一场及时雨。

新发乡紧邻的六盘水是全国闻名的红心猕猴桃产区，这里的气候条件和六盘水差不多，新发乡隔壁一个乡镇的猕猴桃种植产业就成功了。如果在这里也种植一片猕猴桃园，销路根本不成问题。可是猕猴桃种植成本高昂，因为苗木生长必须用水泥搭架，一亩猕猴桃种植苗木加上架子的成本就在4000元左右。

有了商学院捐赠的60万，叶世发雄心满满。

200亩猕猴桃园，其中100多亩主要分给村里的贫困户，60多亩由合作社集中管理。合作社请技术人员进行指导，教村民们进行精细化管理，关键是最后收益村民占60%，得先让他们尝到甜头，让他们有继续干下去的信心。

“不把这200亩猕猴桃园经营好，对不起这些爱心企业家。”叶世发反复说到这句话。他知道这里自然条件不好，交通闭塞，可是造成贫困最重要的原因还是人们的思想观念落后，不知道怎么精耕细作，不知道如何对接市场，自己也是一边干一边总结经验教训。

2019年6月，200亩猕猴桃苗全部种植完毕，可是整个毕节特别是威宁地区遇到几十年不遇的干旱，人的饮用水都成问题，更别说工业用水了。100多亩已经挂果的猕猴桃苗结的果全部掉在了地上，好在合作社集中运水浇灌，这才保住了苗木。

2020年4月，他又专门去看了看这片猕猴桃园，叮嘱合作社的工作人员一定要精心管理好种植园。“今年到目前为止长势良好，预计成熟时是可以营收的。”在他帮扶的第三年，他希望帮助新发乡摘掉贫困这顶帽子。

同学情，亦是公益情

总裁班天南海北的同学们汇聚到毕节，本来不是为了公益，却不经意间在祖国的西南边两个地图上甚至找不到的小乡镇播撒下公益的种子。而这种子还会慢慢生根发芽……

如果问此次公益活动的组织者金烈森最大收获是什么，他一定会笑着说：“是大家的同学情。”两次无意为之的公益之行让大家的心迅速靠拢在一起。同样的人聚在一起做同样的事，可能这就是总裁16期同学的写照。

古语说：“德不孤必有邻。”一样的向善之心让大家把这颗公益的种子播下，然后慢慢地生根发芽。

回到2018年4月，决定在毕节参与产业扶贫项目之初，同学们一共募捐了250多万元，大大超出了预期的金额，然而8座便民桥和200亩猕猴桃种植园的建造并没有把这些钱全部花完，剩下的钱他们成立

了总裁16期公益基金，将继续用于产业扶贫和贫困学生的资助。在以后的日子中，公益将是总裁16期53名同学间一根无形的纽带，把大家牢牢系在一起。

便民桥建好了，种植园建好了，但16期同学的公益情和同学情并没有散。

对话金烈森

Q：作为这两个项目的负责人，您最大的感受是什么？对以后的产业扶贫有什么启示呢？

金烈森：长江商学院的同学从天南海北聚在一起，又到这里做公益，最大的感受是被长江同学们的这种大爱所感动，很荣幸能够参与其中。

桥是矗立在那里，永固千秋，造福老百姓的，能把这份爱心永远地留在这里，很有意义。

猕猴桃种植产业，产出之后让当地老百姓脱贫，让他们享受到可持续发展的福利。当时一开始我们就想，扶贫一定要精准，授人以鱼不如授人以渔，结果就想到了这个猕猴桃产业。因为猕猴桃种植是可能带来整个产业链发展的，先让少部分人尝到甜头后，可能会带动整个地区的产业，猕猴桃是水果之王，市场价值还是很值得期待的，这也是我们未来所期望的。

我觉得对于以后的产业扶贫来说，可持续是非常重要的。我在毕节待的时间比较久，对这里的情况比较了解，一直在思考的问题是怎么才能让人们可持续地富起来。首先得让他们通过自己的力量慢慢致富起来，送钱送物不是一个好办法，给他们60万可能没几年就花了，如果用产业来带动的话，促使人们通过自己的劳动去致富，这种持续性是完全不一样的。

Q：您是怎么理解精准扶贫的“精准”两个字的？

金烈森：首先，针对这些贫困户，我们要提出扶贫的产业结构，要有可落地执行的具体方式方法。其次，要可持续，怎样让扶贫有意义，达到效果，而不是停留在眼前的短期脱贫。我们打好前面的基础，建好基础设施，提供技术支持，未来他们是可以通过自己的双手去创造财富的。这样才能从根本上摆脱贫困。

Q：您认为在这种比较偏僻的山区或少数民族聚居区做公益最重要的是什么？

金烈森：我觉得最重要的是把我们的商业模式和商业思维带到当地。当地的贫困落后一方面在于交通不便，另一方面在于教育水平跟不上，对外面的世界不了解。比方说现在的电商思维，生产了好的产品后怎么销售出去？可能就需要紧跟潮流的节奏。我认为这是长江同学带给他们最有益的东西，一些新的商业思路和方法。

Q：在您看来，长江校友做公益最独特的优势是什么？

金烈森：从我一开始到长江上课，第一感觉印象最深的就是“无公益，不长江”。长江商学院注重倡导企业家的担当和社会责任感，培养大家的公益意识，我认为大部分校友来了长江之后，多多少少这种公益意识会增强，可能对很多人来说也是一种转变，这是很难得的，无形中对社会是一种贡献。

另一个是，在倡导公益的过程中，同学们通过这种交往，感情迅速加深。短短的一年半，8期的课程，但这种感情特别深。去年我母亲过世后，50多名同学自发组织到浙江天台来看我，特别是王才彪、汤文敏、胡也国三位同学帮我做了各种组织和接待工作，让我非常感动，也想对他们表达特别的感谢。可能在商学院的学习很快就结束了，但得到的感情和友情是来之不易的，可能让我们一辈子都难忘。

本文作者：李聪

案例点评：跨越小桥的发展型公益

我曾在课堂中讲到过慈善和公益的差别。实际上，卡内基说过，与其把钱捐出来做慈善，不如把钱扔在大海里。当然卡内基讲的慈善是指单纯地给人以帮助。我并不完全赞成他的观点。当一个人急需简单的救助时，慈善依然是可贵的。但我的理解是，卡内基的话并不在于否定慈善的意义，而是在讲什么样的慈善更有意义，这就是我讲的公益。慈善是针对少数人受益的有限的行为，而公益则是针对大多数人受益而并不特指某一个人受益的慈善行为。慈善和公益两者之间是有差别的。中国人讲“升米恩，斗米仇”，讲的虽不是一个意思，但也包含了慈善行为可能带来的不同社会结果。

金烈森和长江商学院总裁16期的同学大多都是青年企业家。他们在市场里打拼，更理解竞争进取的意义，也自然非常理解慈善和公益两者之间的区别。8座小桥凝聚了这些青年企业家的慈善情怀，而8座小桥的意义则超越了便民的方便。金烈森和总裁班的同学们感受到毕节的落后而决定为这样一个贫困地区做一点公益的动念没有仅仅停留在爱心的捐助上，而是通过考察毕节的经济社会发展特别是深入到基层了解发展的需求来思考他们的善行。他们在赫章县安乐溪乡决定修建8座便民桥，这8座桥不仅提供了生活的便利，更为重要的是解决了乡村孩子上学的困难，并打通了通往市场的道路。他们在威宁彝族回族苗族自治县的新发乡支持了200亩猕猴桃种植基地，将善行转化为经济开发的行动。

穿越8座小桥虽不能直接到达猕猴桃园，但是年轻企业家的慈善则已经转化成了发展型的公益。消除贫困和缩小差距不能仅仅依靠政府的工作，同时也不能仅仅依靠大包大揽的捐助和投入。改变落后地区的面貌往往需要在细节上展开工作，就像长江商学院总裁班同学所做的，这8座小桥就能让孩子上学的困难得以解决，一座不大的猕猴桃园能让140个贫困户脱贫一样。我一直倡导的“人人公益”和“方案型公益”就是这个意思。如果我们的公益行动都能像他们这样，做这些小而有效的公益，那千千万万这样的公益行动汇聚在一起就会推动社会大的变化。

李小云（中国农业大学文科资深讲席教授、小云助贫创始人）

静绣公益

——一场脱胎于市场营销课的公益实践

这是一次“临时起意”的公益行动，由一场普通的课堂讨论延展开来，长江商学院金融MBA2017级北京班的同学们自主自发地对接资源、实地考察、出谋划策，只为帮助一群远在无锡的聋哑人刺绣师。他们别具匠心地将这个项目起名为“静绣”，“静”代表聋哑人刺绣师安静而专注的模样，“绣”代表苏绣所承载的传统工艺之美。在一头扎进公益的时候，同学们都忘了，这本来只是一份需要上交策划书的作业而已。时隔一年多再回顾，大家一致认为，“静绣”不仅是一个简单的捐助行为，更是一场意义非凡且用商业赋能的公益实践，其背后蕴含的探索和践行，将会为后来者提供借鉴。

一切，源于一堂普通的市场营销课

长江商学院金融MBA2017级北京班的同学大多是金融行业出身，比如“公益委员”彭艳蛟，在商业银行工作的她曾在香港完成本科学业，深受香港浓浓的社工文化感染，在校期间，她曾带领学生团队志愿帮助两家本土公益组织，完成宣传、筹款工作。回北京工作后，彭艳蛟也身体力行，通过“ABC美好社会咨询社”，带领志愿者团队，为几家公益组织提供战略及人力资源咨询服务。因为这些经历，彭艳蛟在“班级服务团队”中被同学票选为“公益委员”。

金融MBA2017级北京班公益委员彭艳蛟与刺绣馆作品《火烈鸟》《树叶》《玉兰》合影

长江商学院金融MBA项目要求每位同学都要完成24个公益学时才能毕业，彭艳蛟成为同学们与公益资源的沟通桥梁。她发现，相比于香港，内地的公益普及度还较低，许多同学虽事业有成，有一腔热血想要回馈社会，但碍于公益领域的信息不那么清晰透明，没有找到合适的途径与方法。90后彭艳蛟还处在事业上升期，平常工作非常忙，但她感受到大家对社会的责任感，也深知身边优秀的同学们对于公益圈是多么稀缺的志愿者资源，所以她非常愿意抽出时间帮同学们对接合适的公益资源。一次班级活动采购礼品时，同学们想采购具有公益性质的礼品，彭艳蛟在咨询一位公益圈的前辈，从哪里可以买到优质又具有公益性质的礼品时，得知了无锡公益刺绣艺术馆的存在，便将这事记在了心上。

后来，在学校的一堂市场营销课上，孙宝红教授让同学们以小组为单位，为一个机构策划营销战略。小组讨论时，彭艳蛟想起刺绣馆的事便提了出来，没想到引发了小组同学们的强烈兴趣。无锡公益刺绣艺术馆是一家为聋哑、肢残、言语障碍等弱势群体提供“刺绣技术+人文”的培育机构，因经济比较薄弱，规模、资源、宣传等方面大受限制，绣师们倾注心血的作品没有办法得到足够的关注。

同学们看到他们美丽的刺绣作品后，被自强自立的聋哑人绣师感动。为这样一家公益机构做策划，既能实践课堂上学到的市场营销知识，又能帮助弱势群体，还能推广非遗——苏绣这样的传统文化结晶，简直一举三得，同学们的热情都被激发出来，“海归”陈鹏飞、“学霸”姜全等同学纷纷提出很多想法。

彭艳蛟对此其实挺意外的，大部分长江同学都有自己的事业，平时工作也忙，虽然也会认真完成学业，但不会有太多时间和精力做课外作业，从事信托基金的张楠就是其中之一。但这一次，张楠不仅在课堂讨论中非常积极，还愿意贡献出私人时间和资源，“静绣”这个品牌战略就是由他首先提出来的。

当时，大家对公益刺绣艺术馆的了解还比较有限，这也让他们可以不受限制地放飞自己的创意，张楠说：“当想到聋哑绣师刺绣安静无声却又异常专注的模样时，我就自然而然地想到了这个创意。”他们提出的不仅是“静绣”这个品牌，还有背后的一系列公益理念和推广方案。在信息有限的情况下，彭艳蛟和张楠所在的小组已经为静绣做了品牌定位案例分析，“本来只是讨论，但说着说着大家都开始把这当作正事来做了”。

因为同学们对于刺绣工艺不了解，班上祖籍为江苏的周吉人就利用自己的人脉资源，对几类刺绣工艺进行详细的学习、了解，然后为大家普及。

为了不让大家失望，彭艳蛟也尽职尽责地履行着公益委员的职责，将公益刺绣艺术馆创办人李雪依邀请到了长江的课堂上。李雪依是一位公益从业者，从中学音乐老师到大学艺术教师，从兼职到全身心投入，对公益始终保持着满腔挚情。她和伙伴们在2014年筹备、2015年正式注册的非营利社会组织“无锡市梁溪区公益刺绣艺术馆”，把“技术+人文”的为残培育模式正式推出，希望以此能让身障人士的身心灵健康、幸福，让他们掌握一门技术从而促进他们就业，增强融入社会的能力。

公益刺绣馆得到了中国公益研究院、国际公益学院院长王振耀先生的大力支持，多年来其一直义务为机构做公益指导；中国刺绣大师吴鸣文团队在刺绣技术上也是真心实意地教习。2016年与2017年，机构创办人李雪依被无锡市文明办评为无锡市最美志愿者，刺绣馆获无锡市最佳志愿服务组织。

李雪依与孙宝红教授合影

2018年7月8日，李雪依一走进课堂，就被长江学子的热忱与真诚打动了，激动地说："课堂的半圆形布置、同学们的热忱给我留下了深刻的第一印象，让人感到朝气和力量！同学们的真情演讲让人感动，而现场展出的聋哑绣工及刺绣老师的作品也让这些金融骄子们对身障人群、对传统手工艺有了很热烈的交流。公益与商业在这里奇妙地相遇！"

这次的交流让同学对公益刺绣馆有了更深刻的认识和了解，李雪依对"静绣"品牌战略的肯定也坚定了同学们把公益项目落实的决心。一切，才刚刚开始。

努力，只为走得更高、更远

俗话说："耳听为虚，眼见为实。"金融MBA2017级北京班同学也知道光自己内部讨论得热火朝天是不行的，很快，包括彭艳蛟、张楠、权计伟、张雷、庄勇、李磊、白文芝、马丽、宋佳、谢海闻、郝木嘉、孙彬等在内的同学就自行组织了一个实地考察团队，千里迢迢奔赴无锡公益刺绣馆。身在扬州的副班长庄勇还特意赶去无锡，派车接送同学们，安排在无锡的行程，支持这次公益活动。

在踏入刺绣馆之前，彭艳蛟的内心是有些忐忑的，因为她从未面对面地接触过聋哑人群体，生怕自己有什么行为不小心冒犯到他们。她不停地询问刺绣馆的引导员：“有什么需要注意的地方吗？”得到不用特别注意什么的回答后，她仍颇为小心翼翼。

长江同学白文芝尝试刺绣

但在与聋哑人刺绣师们相处一阵后，彭艳蛟发现，除了沟通上需要多一些耐心，他们和普通人真的没什么区别。大家在刺绣馆的参观、考察活动十分愉快，同学们纷纷表示，刺绣师们的精神状态与想象的不太一样，不仅表面上没有身为视觉或听觉障碍者的阴霾，而且他们都非常独立且自信。

长江同学张雷尝试刺绣

每一幅刺绣作品的完成都各有不同，有的作品在绣制前需要对绣稿进行仔细地画稿、定稿。彭艳蛟仔细观察了刺绣馆中一位容貌气质出众的姑娘画画时的神情，“能够看得出来她是真的用心，真的喜欢。”

除了了解身障绣师们的日

常操作之外，长江一行人还亲自上手体验了一把刺绣的乐趣，大家的第一感觉都是："太不容易了。"刺绣是项非常精细的手艺，费时费力还费眼睛，不过相对于普通人，聋哑人从事刺绣是有一定优势的。他们更不容易受周围环境的影响，也更容易专注于手上的活儿，所以从业年限较长的聋哑绣师在一定程度上会胜于普通绣师。

但公益刺绣馆想要发展却有一个不容忽视的巨大劣势，那就是手工刺绣行业整体的衰落。金融MBA2017级北京班的另一位同学李群，曾自费去苏州的刺绣一条街实地考察过，她发现市面上的苏绣产品大多是机器绣的，与手工绣品主题相似，也是传统的花鸟鱼虫，"手工绣品没什么特色，普通人根本看不出来差别。"

与成品外观细微差别相对的，却是价格的巨大差异。机器绣品的价格大多为几百元人民币，便宜的甚至不到一百元，贵的也少有上千元的。手工绣品却基本是一千元起步，上不设限。与普通人所认为的"越大越贵"不同，李群发现，一些绣在扇子上的小图案反而更贵，因为这样的图案对绣工要求更高。

李群回到北京后，立刻组织同学们一起讨论考察所得的信息，这已经成了他们的惯例。每次有什么关于"静绣"的事情，就会有人在班级群里"吼"一声，通常是工作日的晚上，感兴趣的同学们会聚集在李群的公司，一起喝茶、讨论、"开脑洞"。彭艳蛟说大家对这个活动很积极，经常随便一叫就能有十多个人参加，以前是大家一起上课，现在是大家一起想办法帮助别人。

在讨论过刺绣艺术馆的现状和市场环境后，大家都一致认为，应该从品牌包装宣传这块下手。首先，过去的刺绣作品主题太单一，难以突出特色，需要做出比较大的改变，最好是能跟艺术、时尚这块的

罗冰、张雷、王夷等同学在李群公司讨论

资源对接。其次，刺绣产品的包装也不足，大多都是传统的摆件，不符合当下年轻人的审美。如果能找专业设计师包装一下，例如改成适用范围更广的挂画形式，再加一个好看的边框，产品的“卖相”定然会更好。最后是品牌宣传，公益刺绣馆的绣品本来就具有公益属性，这是天然优势，如果能加大这部分的宣传，再对接一些相关的资源，产品的销路必然会更广。

确定营销策略之后，罗冰等同学们纷纷行动起来，不吝啬于自己手中的资源，只希望能帮助公益刺绣馆走得更远。

商业与公益的碰撞，如此奇妙

窦骁在“菀蔻原生艺术基金公益画展”讲话

怀揣着让聋哑绣师的作品在更大的平台上发光发亮的“小梦想”，金融MBA2017级北京班的文艺委员李光辉也出了一份力。李光辉是北京一家影视公司的投资总监，在影视行业有不少资源，他联系了著名演员窦骁的经纪人，并得到了她对“静绣”的大力支持。窦骁发起的菀蔻原生艺术基金是中国少年儿童文化艺术基金会名下的专项基金，专门支持艺术类的公益事业，与“静绣”的主题不谋而合。

双方很快达成协议，由菀蔻原生艺术基金出资订购绣品，将聋哑绣工的刺绣与中国当代青年杰出艺术家郭鸿蔚的画作结合，并参加在北京798艺术区举行的“菀蔻原生艺术基金公益画展”。彼时“静绣”才刚刚起步，就能得到如此好的资源和展示机会，实在离不开李光辉和其他长江学员们的努力。

北京798的展览非常成功，郭鸿蔚是以对水彩以及油画颜料极具创造性地运用而闻名的艺术家，聋哑绣工们的作品因加入了他的艺术元素而有了不同的意义，窦骁本人也亲自去到现场为“静绣”助力。活动结束后，作为“中间人”的李光辉也很激动：“很开心我们同学

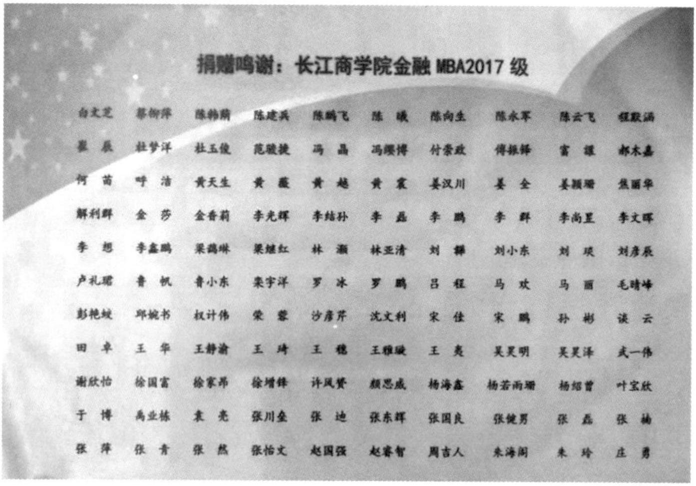

参与捐赠的长江同学名单

参与捐赠的长江同学名单

们一起为艺术和公益做了小小的贡献，古人说‘勿以善小而不为’，也感动有这么多各界朋友，特别是窦骁先生以及‘莼蔻原生艺术基金’同仁们支持我们这项公益，最终落地，也让大家看到了成果。”

提出“静绣”品牌理念的张楠对品牌的宣传策划也有自己的看法，他认为与窦骁的合作是一个很好的契机，“静绣”可以尝试做自己的品牌。例如承包潮流服饰中的刺绣元素，再找像窦骁这样的明星“带货”，宣传效果绝对是几何倍地增长。张楠还为公益刺绣馆联系了央视的拍摄团队，想要拍一部聋哑绣师的纪录片，在全国最有影响力的电视平台上播放。

“静绣”早已不再是一个小组作业，除了几位深度参与的同学，全班前前后后有20余位同学为项目或出钱或出力。2018年的99公益日，更有黄天生、马丽、徐家昂、许风赟等107位长江同学为“静绣”慷慨解囊，筹集了7万余善款，将刺绣馆的小院装修一新。其中徐家昂开心地表示：“我是江苏人，能支持到苏绣我很开心。”

其实，在企业家云集的长江商学院，7万元的善款算是个小数目，这也正是“静绣”与许多公益项目的不同之处：筹款从来不是“静绣”的目的。长江商学院的公益理念有3个版本：1.0版是自发公益、2.0版是项目公益、3.0版是平台公益，彭艳蛟认为，“静绣”的理念与3.0版最为契合，不是授人以鱼，而是授人以渔。

这也是同学们不计得失地为“静绣”策划营销、对接资源的原因，公益说到底并非长江同学们的主业，但他们业余时间付出的这些努力，却可能将“静绣”引到一条可以独立发展的道路。正如长江商学院的朱睿教授所说：“好的公益，最终一定是让受助者能够独立于这种慈善。”

公益，不只是一腔热血

在提到参与“静绣”初期的心情时，许多同学都用到了一个词——一腔热血。但随着项目的推进，同学们也渐渐感觉到，实际的效果和预期是有所不同的。李光辉就直言不讳地说：“前期我们想得非常多，但实现起来其实有很多困难。”

与蒓蔻原生艺术基金的合作是由李光辉主导的，在此之前他与公益机构的接触也不多，怎样协调资源是靠自己一点点摸索出来的，“也算是点燃了自身的潜力。”最开始，刺绣馆从合作方提供的绘画中挑选了3幅能做成刺绣的画作进行了绣制，赢得了合作方的认可，这个成绩让李光辉对帮助刺绣馆谈下一个“大单”充满信心。

但在签订合同的时候，双方开始产生一些摩擦。公益刺绣馆此前的订单主要来源公益行业，订制时通过文字交流说出双方认可的约定事项后，艺术馆再一丝不苟地完成即可，包括长江同学们订制的围巾及创意刺绣等，也是这样来完成的。

这样类似于“君子协定”的形式，刺绣馆对视为“公益家人”的长江同学是很放心的。而纯粹的商业合同刺绣馆之前没有签订过，没有范本可以参考。在由长江同学们牵线搭桥的合作中，艺术馆也很愿意以“君子协议”来约定双方需做的事项。

李光辉则根据合作事项考量认为，签订正式合同非常有必要，合同是对合作方负责的表现，也能为以后可能产生的合作做一个样本。为此，合作双方都很赞成，李光辉运用自己的商业经验，花了不少时间协调交货日期、付款方式等细节才拟出了合同。他还请来同班的律师罗冰从法律上对合同进行了调整，以求最大限度地保护公益刺绣馆的权益（在对方提供的第一份合同中只有刺绣馆要承担的责任，为此，刺绣馆方及时向李光辉说明了此情况）。

等合同快谈好了，后续履行又遇到了问题。合作方提供的模板是著名艺术家的画作（水粉类为主）以及自闭症孩子的作品，但不一定适合制作成刺绣作品（适合做成刺绣的以工美画作为主），此情况在合同签订前刺绣馆也早已和负责对接的同学说过。如要按照所提供的所有画作来进行绣制，那么在成本、人力上会耗费很大的人力、物材等。

于是，在蒳蔻方希望以最理想的成本来拿到想要的刺绣成品时，刺绣馆方也希望达成很好的合作，但前提是能收回手工费及提供的画作要能进行刺绣。中间对接的长江同学则希望可以为公益机构接上大单，为机构运营增强力量的情况下，这份合同的签订变得比较困难。

在这种情况下，李光辉和彭艳蛟一起商量保住已有的成果，设法让刺绣馆已交付的3幅作品能够顺利地参加画展。最终，一番沟通之后，刺绣馆签署了合同，但与预期有所差距。

最终，《火烈鸟》《树叶》《玉兰》3幅作品在798完成跨界合作的展出，李光辉高兴之余也在反思自己对公益的了解，及其项目的推进速度预估失误，“我开始降低预期，不再一时兴起”。

同样在实际操作中遇到挑战的人还有张楠，他牵头邀约了央视一负责拍摄的专业人士与刺绣馆洽谈，针对对方写下的拍摄脚本，刺绣馆方面因为涉及身障人士的肖像权提出待与服务人员及家长沟通后再做决定，为此，张楠和刺绣馆负责人打电话沟通到晚上11点，最后还是以“充分尊重身障人的权益”为由而决定暂时不做拍摄。

张楠承认这件事对他有一定的打击，但他也能理解刺绣馆对聋哑人权益全方位的尊重和保护。他认为长江的“静绣”团队和公益刺绣馆“在理念上有冲突，考虑的问题也不同”。公益刺绣艺术馆是一个以服务人群为先的社会服务机构，在公益属性为主导的前提下融入商业理念、思维及运营策略；“静绣”想的是帮他们向商业、持久自我供血的转型。这样的差异在前期沟通时还不明显，一旦落地，产生摩擦几乎是必然的。

最后，张楠总结道：“做公益不是单凭一腔热血，还要讲方式方法，要学会换位思考，从被帮助人的角度出发。”他相信无论是长江同学还是公益刺绣馆，其实都抱有相同的愿景，那就是希望“弱势群体也能体面地生活，能够有照顾自己的能力”。

作为项目总协调人的彭艳蛟表示，内心很感谢刺绣馆在与自己及长江同学素昧平生的情况下，愿意相信长江同学们的真诚和能力，在整个项目中和同学们一起，向着一个愿景而努力。除了宣传片之外，班级还有几位同学的一些资源最终没有落地。彭艳蛟形象地表示，本次“静绣”的经历让她感受到公益与商业结合，往往要“戴着镣铐跳舞”。长江同学们秉承的理念是通过创造出最大的商业价值，最大化地、持久地帮助到聋哑人。而刺绣馆则更立足于聋哑人自身权益（如肖像权）最大化的风险防范，以及绣品艺术品质的追求，有些细节方面，长江同学们这样的“非专业”人士可能不太能理解，在与商业的碰撞中也有些“水土不服”。

“静绣”是一个从课堂走出的公益实践，具有一定探索性质，并不是经过精挑细选、完整策划的公益运营项目。由于同学们前期与刺绣馆的沟通不够深入，对于像刺绣馆这样的民非组织运营的实际困难还不够了解，以及公益组织与商业领域之间运作的方法、沟通的方式方法不同，双方产生摩擦也是在所难免的。如果日后再次与公益组织合作，同学们会花更多的精力在沟通上。

公益刺绣馆创办人李雪依也说：“公益与商业对接时，我个人最直接的感观就是一定要快速学习商业思维、逻辑、理念和方法，最快地消化并融于公益运作中，这样才会于各方及项目有益。而作为公益机构创办人来说，机构的公益属性必须是第一位的，做出公益好品牌让更多人有共识、同行并共赢是要加速完成的功课。”

不断尝试，才有更好的未来

长江“静绣”团队的同学对公益都有自己的理解，李光辉认为想要持续有效地做公益，方法就是“将公益做成商业项目，用商业思维来做公益”。班级的公益委员彭艳蛟则多次用到“赋能”这个词，她认为专业的公益就是要“赋能”所要帮助的目标群体，给予他们独立自主走下去的方法和能力。

这些公益理念也体现在“静绣”项目中，李光辉将“静绣”称为一场“从零到一的实验”，既给了受帮助群体一个未来发展的思路，也让参与进来的人对公益有了新的思考和理解。“静绣”尝试和实践带给公益刺绣馆许多的思考，在与新的商业理念碰撞后，刺绣馆又会激起怎样的浪花，长江的同学们也在翘首以盼。

2019年，“静绣”获得长江商学院“年度长江公益项目”，不少评委都表示这个项目让人“眼前一亮”。彭艳蛟觉得这算是对“静绣”项目价值的肯定，也没有辜负同学们的付出。“予人玫瑰，手有余香”，她现在还十分怀念大家聚在一起讨论“静绣”的日子，认为这是人生中不可多得的宝贵经历，同学之间也建立了特殊的情谊。

英国著名设计大师Paulsmith定制了一幅公益刺绣馆出品的《火烈鸟》

李光辉还开玩笑地说：“要先一起做公益，再一起做生意。”通过“静绣”，他和很多本来只是点头之交的同学真正熟识起来，在一起做公益的过程中，不仅自己“业务能力有所提升”，也近距离地观察到了同学们是如何待人处事的。做公益合拍的人，未来也很可能成为合拍的商业伙伴。

“静绣”是一个十分创新的公益项目，其开始于一次偶然，却在发展过程中不断被注入新的活力。无论是取得的成果，还是吸取的经验教训，都是宝贵的财富。彭艳蛟表示，在“静绣”之后，北京班同学于博、杨绍曾、何苗、许风赟等还发起了“长江途梦”项目，同样是赋能需要关心的群体，这个项目通过远程直播的方式帮助乡村中学生打开眼界，了解外面形形色色的职业。这个项目同样获得了“年度长江公益项目”奖项。彭艳蛟很开心地表示，从静绣出发，到途梦，再到陆陆续续大家在各自工作、社会团体中发起、参与的形形色色的项目，金融MBA北京班同学们的公益之路越走越远。

金融MBA2017级北京班全体同学与院长合影，院长戴的围巾是公益刺绣馆制作的

对话李光辉、张楠

Q：静绣公益这个项目最吸引您的点在哪里？

李光辉：这是一个商业化公益项目，是一个具备可持续发展潜力的公益项目。在产业价值上，以具有听觉和视觉障碍的残障人士从事的刺绣产业在公益以外，具有可持续地生产高质量、具备市场竞争性手工刺绣产品的潜力。在社会价值上，能够通过产业培训和协作为这些残障人士提供重新融入社会、找到自身价值的机会。

张楠：最打动我的还是聋哑青少年对于自我价值实现的渴望，他们希望通过自己的努力过上正常人自给自足的生活，不单单是别人对他们的可怜。

Q：在您看来，支持长江校友做公益的信念是什么？您是如何看待公益二字的？

李光辉

李光辉：首先，长江校友是一群有责任、有爱心的人，愿意分享自身的专业知识和商业经验帮助他人；同时，我猜想长江校友在一起结伴做公益的时候，也享受彼此支持、彼此帮助，一起努力为社会做一些贡献的宝贵经历；此外，长江商学院从历史根源上也具备公益基因，李嘉诚先生以及一代代长江校友的公益事迹也感染着彼此。

公益首先是人努力实现自身价值过程中的经历，在要求自己成为更好的人的过程中，势必会想帮助他人；公益也是我们这个人类社会的根基之一，是人关爱他人的体现；同时，在我看来，公益最重要的是关爱身边的人，力所能及地帮助身边的人。

张楠：我猜想还是大家的乐善之心吧，长江的校友在人生经历中也或多或少地接受过他人帮助，在自己有能力之后，回报给他人和社会。我认为公益就是做好事、行善举。

Q：您认为商业和公益是否矛盾？该如何调和？

李光辉：不矛盾，我认为商业是一个组织实现目标的途径和方法，而公益则是组织存在的意义之一。实现商业化的公益，是使得公益的目标在实现过程中，更具效率、更可持续。

张楠

张楠：商业追求的是收入、利润，经济上的增长满足，更理性的判断。而公益追求的应该是内心的充实和满足，更加感性吧。调和我也做得不好，还在学习中。

Q：在您看来，社会企业究竟是什么？和普通企业有什么不同之处？

李光辉：社会企业是努力为社会生产价值的企业，可以是一个为很多残障人士提供就业机会的盈利企业，也可以是持续利用企业盈利通过捐款等形式为社会做贡献的企业。

企业肯定是以盈利为目的，这个层面上社会企业和普通企业是一致的。而社会企业不同的就是，在创造经济效益的同时也努力创造并实现可观的社会效益。

Q：您有什么对想要参与公益的企业家说的话吗？

李光辉：感谢这些企业家们为社会做的贡献，他们是我们这个时代的楷模，我尊敬他们并努力向他们学习，我所接触到的长江同学中有很大一部分都在努力参与公益并取得了很多成果，我想说我很高兴这个时代有这样一群人。通过这次疫情更能看出，他们不仅仅是把公益挂在嘴上说一说或者是想一想，而是真的付诸实践地去努力，并且想做得更好，这过程并不容易，但大家都在努力，并且很多人坚持下来了，这真的并不容易，点赞！

张楠：希望有能力的企业家为公益多多付出，真的是大爱无疆，可能一个小小的善举会形成蝴蝶效应，产生不可思议的结果。

本文作者：王祎

案例点评

一口气读完《静绣公益：一场脱胎于市场营销的公益实践》一文，作为长江商学院校友，我由衷地为积极参与公益、奉献公益的师弟师妹们自豪，为重视培养企业家社会责任感的母校而感到骄傲。我觉得，公益精神已深入长江商学院的骨髓，践行公益已成为长江商学院的传统。

《静绣公益——一场脱胎于市场营销的公益实践》一文非常真实、全面、客观地呈现了长江商学院金融MBA2017级北京班同学们支持无锡公益刺绣艺术馆公益实践的全貌。看完后，作为一名公益从业者，感触颇多。

静绣公益这一案例告诉我们，要做好公益，仅有善心是不够的，还要懂市场。从公益的角度看，无锡刺绣艺术馆无疑是一个很好的公益项目：它找到了适合聋哑人从事的工作，把聋哑人的弱势转为了优势；它让聋哑人能够有尊严地自立，而不是依靠救助苟活。然而，理想很丰满，现实很骨感。项目执行过程中，还有很多问题要考虑，包括市场对于绣品的需求、绣品的定位、如何开拓市场等等。如果这些问题不解决，项目最终很难成功。悲情牌可以打一打，但最终还是要靠产品说话，市场不会因为这些绣品是聋哑人的作品而另眼相待。从这个意义上来说，长江商学院同学们发挥他们的专业特长，在链接资源、产品设计、传播推广、市场营销等方面给予的支持，对于静绣公益来说非常重要。

这个案例还告诉我们，公益不仅需要专职的从业者，更需要专业的志愿者；公益不仅需要资金和资源，更需要专业和智慧。我在工作中也有很深的体会。近年来，乡村振兴活动进行得如火如荼，很多年轻人返回家乡创业，带领父老乡亲发展产业，希望帮助家乡脱贫致富。老百姓愿意种植、养殖，但是如何发挥当地优势、生产什么样的产品才有市场、如何把产品包装成商品、如何链接市场等等问题，需要方方面面的专业力量的支持。如果这些问题不解决，农民生产的产品销售不出去，则不仅起不到帮助农民增加收入的作用，反而会打击他们继续从事农业生产的信心。对于这些返乡创业青年来说，他们需要的不仅是资金支持，更是能力的提升。我们针对这些需求，连接包括农业、社区、媒体、品牌、营销、市场等专业机构和人士，对他们进行全方位帮扶，取得了很好的效果。我也想到，这几年，长江商学院帮助江西狗牯脑茶打开市场、提升老区人民收入的案例。如果我们每个人都能够像长江商学院的同学们一样，发挥自己的专业特长，参与公益，支持公益，不仅出钱，更出力、出时间、出智慧，公益事业一定会更加发达，社会也一定会更加进步。

静绣公益这一案例还呈现了当公益遇到商业时的种种冲突，让我们感叹，商业与公益的结合道阻且长。但是，这些不应该成为停止公益市场化和商业化脚步的借口，相反，公益行业应该更加深入地学习商业，商业部门也要更多地了解公益，开展更多对话，这样公益才能更好地和商业合作，商业也才能更好地帮助公益。

相信静绣公益这次实践，对于金融MBA2017级的同学们来说，不仅是完成市场营销课程作业，更是他们参与公益的开端，未来他们在做好商业的同时，一定会更好地参与和支持公益，服务社会。

刘洲鸿（林文镜慈善基金会秘书长，长江商学院EMBA24期校友）

长江励志助学公益

——一对一帮扶助学，用师生情谊提升公益温度

前言

“劝君莫惜金缕衣，劝君惜取少年时。”这是唐朝诗人杜秋娘的千古名句，也是长江励志助学公益专项基金秘书长谢美华常常劝勉青年学子的一句话。

1962年出生的谢美华是大地工程开发集团董事长，他是经历文

化动荡、赶上高考恢复的那一代人，对知识的敬畏、对校园的尊重是他一直以来坚守的信念。在他看来，上学是成长过程中必须去做的事，而让贫困学子上得起学，是近几年来他和同伴们一直在做的事。

2016年8月，谢美华参与了长江商学院EMBA28期部分学员发起的长江励志助学公益项目，旨在帮助品学兼优、有梦想、敢担当的贫困学子完成上大学的梦想。

此项目采取“资助+培养”的模式，资助学生在校期间的学费和住宿费的同时，还确立了资助人与学生一对一的帮扶关系，致力于培养有能力、高品质的社会人才。

项目创立之初，谢美华说：“我要坚持做10年，资助550名贫困学子完成大学梦。”

如今，近4年的光景过去了，项目进展得如何？中间又发生了怎样的故事？让我们一起走近这个团队，听听关于励志助学的故事……

助学之举，源于一句承诺

EMBA28期学员一共有350人左右，学员们分成了22个拓展队，便于开展校园活动。谢美华所在的团队叫“G20拓展队”，长江励志助学公益项目便起源于此团队的第一次公益活动。

2016年8月22日是邓小平同志112周年诞辰，队员肖长金提议去邓小平故居——四川省广安市，资助当地的贫困学生。同年的8月26

2016年8月26日 四川广安

日，谢美华和拓展队的17名成员去了广安，当时资助了10名刚刚考上大学、成绩优异的贫困学生。

那次活动的接待人员是广安市委副秘书长以及广安市教育局的相关工作人员。当天，G20团队和大家一起瞻仰了邓小平故居。

吃午饭的时候，一位当地的负责人跟谢美华说起了近几年公益助学的情况："其实我们一直在号召从广安走出去的企业家们捐资助学，他们答应了，也资助了，但往往只资助一次就没了消息，导致项目始终不能落地。"紧接着，这位负责人半开玩笑似的又说了一句，"人在做，天在看，关键在于能不能坚持啊！"

谢美华听了这番话感触颇深，再看看现场一起吃饭的学生和家长，孩子们眼神里透露出的是对陌生人的拘谨和对大学的渴望，而一些家长们的鬓角早已斑白……

他当场承诺：“放心吧！我们不会放空炮，我们还会回来的！”

从广安回来之后，谢美华开始琢磨这件事：如果只把助学当作一次团队活动，做完了就结束了，那也只能算是好事一件，没有太大的意义，能不能长期做下去呢？

带着这样的疑问，谢美华又召集队友进行了若干次会议，讨论出解决方案。

项目怎样持续下去？如何吸引更多的人加入？如何保证助学金的公开透明？又如何做出特色，成为长江商学院的一张名片？一系列的问题萦绕在谢美华和队员的心头。

项目如何持续下去？

首要条件是资金保障。大家讨论决定：凡是团队成员，都要先交1万元作为助学基金（加入导师团队2万元），之后每人每年捐助1万~10万元不等，看个人意愿。

其次要扩大团队规模，为此谢美华更是全力以赴，用自己的行动去感染每一个人。他先是把班里人列为自己的宣传目标，每逢班级活动、同学聚会，他便要向学员们讲解一番长江励志助学的项目，后来班里一半人都加入了。之后他又把目标扩展到EMBA28期全体学员，就连著名演员陈坤和影帝王景春（陈坤和王景春均是EMBA28期学员）也被他打动了，成了团队中的一员。

当谢美华跟陈坤提起这件事的时候，陈坤毫不犹豫地捐助5万元；后来成立执委会，陈坤又捐助了5万元；第三次执委会改选，他依旧拿出了5万元以表心意，还对谢美华说：“老大，第一次捐款，是对您行动的支持，之后的捐款，是因为我看见您一步一步把这个项目做下来了，而且还做得这么好。继续做下去，我支持您！”

面对陈坤的支持，谢美华深受感动，这番话也成为他继续做下去的一股动力。

就这样，团队从最初的17人到现在的90余人；从“G20团队”变成“长江励志公益助学专项基金”。

大家看到的，是团队规模在不断扩大，而过程背后，是谢美华不辞辛劳地奔波和付出，才聚集了这些侠义之士，促成了一件又一件助人之举。

为了让资助变得公开透明，长江助学公益项目每年都会将捐款明细公之于众，接受大家的监督。

秉承授人以鱼不如授人以渔的教育理念，项目不仅给予学生们学费、住宿费的支持，还采取师生互选的方式为每位学生匹配“一对一”的帮扶导师，利用导师的成长经验、资助优势，向学生提供合理的资助平台和历练机会。

截止到2019年12月31日，项目已在黑龙江安达、河北唐山、河南开封、陕西渭南、甘肃天水、四川广安、凉山州西昌、云南昭通、海南海口、安徽池州、湖北天门等地开展资助活动，累计资助学生131人。

这些学生均是团队成员从各自的家乡推荐的，也有少部分是在媒体报道中发现的，他们接到大学录取通知书的时候，往往是喜忧参半，而长江励志助学公益项目的出现，真正帮他们解决了上大学的后顾之忧。

那些为学费发愁的孩子们笑了

今年年初，疫情席卷了整个神州大地，各家各户闭门不出，农副、餐饮等行业受到了前所未有的冲击。

家住云南省昆明市宜良县的熊浩新（化名）家里，十几亩鲜花滞销在棚，卖不出去，他的父母因此每天愁容满面、茶饭不思，家里的“低气压”持续了一个多月，毕竟一家人一年的生活开销，很大一部分都是靠卖鲜花所得来支撑，而今年惨淡的销量，让一家人为以后的日子犯了愁，不过唯一让人欣慰的是，熊浩新的学费和住宿费有了着落。

其实早在2018年，熊浩新一家也曾因为学费发过愁，那时熊浩新刚刚收到来自武汉大学的录取通知书，面对一年7000多的学费和住宿费，对于这个普通农村家庭来说，是一笔巨大的开支。

幸好那时班主任告知熊浩新可以申请长江励志公益助学基金，才算帮一家人解了围。在得到项目资助的同时，长江励志助学公益基金的执委会主任张宏武成为了熊浩新的导师。

回忆起跟熊浩新第一次见面的情景，张宏武还历历在目：“那天我在下班路上，给熊浩新发了一个视频，他的小脸红彤彤的、满头大

2019.8.11 武汉天门2019级新生见面会，后排右一为熊浩新、右四为导师张宏武

汗地接了我的视频，看样子是刚从地里干活回来。我们相互介绍了一下，印象中，他是一个很腼腆的孩子。”

然而谁也没有想到，就是这样一个腼腆的孩子，在一年之后担任了新生见面会的主持人，而且还非常出色地完成了任务。

每年，长江励志公益助学项目的资助人代表都会与被资助的新生见面，熊浩新担任了2019年武汉天门新生见面会的主持人，他的导师张宏武就在台下关注着他。

“看着昔日腼腆的小伙子如今在台上侃侃而谈，而他又是我帮扶的学生，心里别提多高兴了。”张宏武说。

而熊浩新提起张宏武老师时，言语间更是充满了感恩之情。

“张老师虽然是大公司的老板，但是他一点架子都没有，跟他聊天时，他喜欢给我发龇牙笑的表情，我觉得他身上有一种‘反差萌’。而且在学习和生活中，张老师也会给我很多指导，他一直鼓励我，让我变得自信，我非常感谢他！”

其实对于这些学生而言，或许只是导师们一个关切的眼神或者表情，就能成为鼓舞他们向前的无限动力。而对于导师而言，孩子们一点一滴的进步，也会让他们无比欣慰。

和熊浩新一样幸运的还有杨景明（化名），他是长江励志助学项目帮扶的第一届学生，来自四川广安的一个农村家庭。他的父亲在县

导师谢美华和学生杨景明

城里“跑摩的”，没有固定收入；母亲一个人操持家务，没有收入；爷爷奶奶做安保、保洁工作贴补家用。

杨景明从小就是一个自驱力很强的人，高中升大学的那个暑假，他到县里教育部门实习，在那里得知了长江励志助学公益的项目，于是申请了助学基金。经过工作人员审核之后，杨景明幸运地成为一名被资助的学生，也成了谢美华的帮扶对象。

因为杨景明一直都有一个创业的梦想，正好长江商学院的老师们个个都在经商的战场上身经百战，于是杨景明向老师们请教了很多关于创业方面的事情，老师们知无不言、言无不尽，将自己这么多年的经验和总结如数告知。

“我收获的不仅仅是学费和住宿费的资助，还有老师们的宝贵经验和提供平台的机会，跟老师们交谈的过程中，我感觉到自己在不断地提升认知，格局也在慢慢变大，这将是我一生都受用的财富。”杨景明说。

大二那年，杨景明决定休学创业。目前，他是一家公司的技术总监，2000年出生的他，现在带着一群90后、80后做事情，让人感叹后生可畏。

不过杨景明终究还是要完成学业的，这也是导师谢美华一直督促、关心的事儿，今年开学，他开始回归校园，完成剩下的学业。

对于导师们来说，这些孩子就像是自己的孩子，不仅仅关心他们的学习，生活方面也考虑得周到细致。

导师刘峰伟将自己看过的书整箱寄给帮扶对象张春杰（化名），还把他需要看的重点在书里标注出来；有的学生身体孱弱多病，导师帮忙联系医院，并安排住院；还有的老师把学生请到家里，像对待自己的孩子一样，做他们最爱吃的饭菜。

如果说其他公益助学项目助的是“学”，那么长江励志助学项目不仅助“学”，其实也在助“心”，有些导师和学生之间早已超越了资助和被资助的关系，进而升级为朋友和亲人的关系。

这是长江励志助学与众不同的地方，更是其温度所在。正是因为如此，长江励志助学公益才历经岁月，走过了4个年头，聚集了越来越多心中有爱的优秀人才。

而长江人也相信，在未来更多的4年里，他们依旧会铭记“无公益，不长江”的信念，走更长的路。

公益传承，一场关于爱的接力赛

2017年，河北省唐山市迁西县代各庄村老李家出现了第一个大学生——李安然（化名）。那一年，她以理科600分的成绩考进了中国地质大学（北京）测控技术与仪器专业。

李安然

就是这样一个看似瘦小的姑娘，却从内而外散发出一种坚韧柔和的力量，她的导师王爱玲老师曾评价她：“是个内心有力量的姑娘。”

跟她交谈时，她总是不紧不慢地回答问题，那份从容和淡定，像极了古时候从书香门第走出来的大家闺秀。

如果用一句话来形容，或许见过她的人都会用那句“腹有诗书气自华”。

然而就是这样一个兼具才华和力量的姑娘，在接到大学录取通知书的那一刻，却因几千元的学费愁断肠。

她的学费和住宿费是5700元，因为家庭条件有限，这将成为今后四年里最让她发愁的事情。

说到李安然的家庭，并不是一贫如洗。父亲是煤矿工人，一个月工资3000~4000元，母亲务农，每年也有一些收入，供李安然和6岁的弟弟上学，日子虽然有些艰辛，但也过得去。

但是无奈于家庭变故，2006年，李安然的妹妹出生，本来是一件让全家人都开心的事情，但妹妹却被确诊为先天性心脏病，对于一个农村家庭来说，手术费无异于天文数字。

2012年，妹妹好不容易到了可以做手术的年龄，爸爸妈妈东拼西凑攒够了8万元，一家人满怀希望地去了北京，准备给妹妹做手术，还她一个健康的身体。然而几天之后，等来的却是妹妹夭折的噩耗。

“每次放学回家时，我一进门就会听见她奶声奶气地叫我‘姐姐’，那次手术之后，我知道这个声音再也不会有了。”多年过去，回忆起妹妹，李安然还是会泪眼婆娑。

妹妹的医药费和治疗费花光了家里的所有积蓄，之后李安然考上大学，爸爸却到了退休的年龄，家里的条件很难支撑她的学费。

面对家里唯一的大学生，父亲对她说：“没事，孩子，你只管好好学，爸爸妈妈就算砸锅卖铁也会把你供出来的！”

看着满脸愁容的父亲说出了如此坚定的话，李安然心里很不是滋味。就在一家人一筹莫展之际，班主任打来电话，告诉她可以申请长江励志公益助学专项基金，能帮助她交付大学四年的学费和住宿费。

这个消息就像一束阳光，驱散了李安然一家人心中的阴霾，于是她开始准备、递交各种材料，终于在正式开学前申请到了这笔助学基金。

更让她感到惊喜的是，长江励志公益助学项目的老师们不仅资助了她的学费和住宿费，还帮她结对了一位温柔体贴的导师——梅花生物财务总监王爱玲。

从左至右依次是李安然、洛洛、爱玲老师、魏昊

除了李安然，王爱玲老师还有两位帮扶对象，分别是来自四川省西昌市的女孩洛洛（化名）和来自四川省广安市的男孩魏昊（化名）。

在李安然看来，洛洛和魏昊就像自己的兄弟姐妹，而爱玲老师则像妈妈一样，小心翼翼地呵护着他们的心灵，照抚着他们的感受。

2018年，爱玲老师邀请三个孩子在廊坊古城相聚，那次古镇之行，不仅让李安然见识了古镇的绮丽风光，也感悟到了老师的良苦用心。

在旅行途中，爱玲老师讲起了自己创业的故事。

虽然现在的爱玲老师看似是一位“十指不沾阳春水”的温柔女性，其实在创业的过程中承受了很多压力和辛苦，最难的时候，一家人为了做生意，用小推车运送物料。

那时候的爱玲老师也不过十几岁，跟着爸爸和哥哥一起做苦力活，从没喊苦叫累。一家人就这样，一步一步把企业做起来，现在已经做成了行业内的知名品牌。

听了爱玲老师的故事，李安然意识到，原来看似光鲜亮丽的成功背后，都是不曾言说的汗水与付出。

爱玲老师的故事激励了李安然，让她更加努力地完成学业。在完成学业之余，她也时刻记得自己曾经得到的那份温暖，于是她也在尽己所能，将这份爱回馈给同样需要帮助的人。

2018年暑假，李安然坐了26个小时的火车，去离老家唐山2000

李安然辅导支教学生

李安然与当地学生和家长合影

公里的青海省海东市化隆县扎巴镇黄麻村支教，这是她第一次出这么远的门，同她一起的还有她的男朋友。

面对青海的苍天圣土，碧空白云，两个人开始了为期半个月的支教生活。他们除了教孩子们知识、告诉他们外面的世界的样子，还和孩子们做起了朋友。

在李安然眼中，看到这些纯真可爱的孩子，就如同看到自己的妹妹，好像童年那段最美好的时光又回来了。

其中有一个藏族男孩给李安然取了一个藏族名字——文成卓玛，寓意美丽善良。

正如名字的寓意那样，李安然曾经接纳了长江人的善良，而如今她也把这份善良播撒出去，送给了这群青海大山里的孩子们。

她也相信，这份善良依然会继续传递，给更多的人带去阳光和温暖。

和李安然一样，受助学生张春杰也一直秉承一颗公益之心。大学两年来，他一直都在给智力障碍的孩子做支教老师。

“我喜欢和他们在一起的时光，教给他们一些东西，我觉得整个人都开心起来了。每次支教经历，都是一次关于身心的洗礼。最让我感动的是每次上完课离开的时候，孩子们会站在门口问‘哥哥什么时候再来呀’，我觉得那是他们给我的礼物，他们期待我们去上课。”

每次提到自己的学生，张春杰这位“小老师”都会嘴角上扬，他

张春杰和孩子们

喜欢那群孩子，愿意为他们做些事，就如同长江励志助学公益项目的老师们对待他一样。

其实，这份公益的情怀、爱的温暖是在传承的，长江人把这份爱传递给了这群孩子，而这群孩子又把这份爱传递给了另外一群孩子，这是一个关于爱的接力赛。

生活的苦难并没有让这群孩子哀声哉道，而是给了他们汲取爱的机会，更赋予了他们释放爱的品格。

无公益，不长江，善其身，济天下

回到项目本身，长江励志助学公益项目走过了近4年时间。这期间，大家聚在一起做了很多有意义的事，也收获了赞誉和荣耀，但是团队仍然存在一些不足。

说到这，其实还有一个小插曲。

2018年12月，一位导师发起了“爱心漂流”活动，向每一位学生捐助一件羽绒服。这位导师尽己所能地帮助孩子们，想让他们在寒冬之际穿上羽绒服，感受到来自长江的关爱，于是在每一件羽绒服上都写上了“长江励志助学公益”的字样。

羽绒服分发出去之后，大家在复盘此次活动的时候提出了一个问题：印有公益字样的羽绒服会不会影响到孩子们的尊严？

他们穿着这件羽绒服去买饭、去上课、去逛超市、去挤公交……如果别人看到了羽绒服上的字样，那岂不是都知道了这个学生是被人资助的？这样势必会影响到孩子的自尊。

于是大家开会讨论决定，以后再有类似活动，尽量避免公益标识或者不直观体现。

这样看似很小的一个细节，却体现了长江公益人的细腻和温暖。只有让人舒服体面的接受，才是做公益最难能可贵的地方。

除此之外，张宏武主任还指出：“目前团队内并不是所有导师都能跟学生经常性互动，有些导师因为工作原因，会顾及不到学生的学习和生活，导致帮扶力度不均衡。”

“这是我们之后要改进的问题，我们会制定一些制度性的措施，督促导师抽出时间与学生交流，也鼓励学生主动跟老师交流。”

“最后，我们要利用好微信群的资源，促进学生跟学生、学生跟导师之间的整体交流，将我们的导师和学生打造成一个优秀、积极、温暖的团体。”

而这也正是长江励志助学项目创立之初的其中一个目的，就是希望长江人能常常相聚，一起去做一些有意义的事。

大家都是企业的管理者，因为求学相遇，因为公益相知，更因相知合作。

就像谢美华所说：“做公益要有商业的头脑，而经商要有公益的初心。”

经商看利益，公益见人心。正是因为大家一起做事、一起感动、一起流泪、一起收获，才能看到彼此的心地和人品，印证三观是否相投，进而寻找更可靠的经商伙伴。

其实公益和经商是互通有无的。因为只有三观正、人品好的人才能信守承诺，把生意做好、做大，才会有更多的人愿意与之合作。

而“无公益、不长江”这样的公益理念，不正是谢美华等人在项目中所践行的吗？

一群心怀善念、有能力的人聚在一起，他们用团队的力量去做更大的善事，同时也做更大的生意，良性循环，兼得天下。

张宏武说："我相信每个星期、每个角落，一定会有长江人在做公益。"

长江励志助学公益的一位导师吴纲说："英雄都是关爱天下、大爱天下的，我们都是英雄！"

谢美华说："我相信助学能改变一个人的命运，从而改变一家人的命运，而后改变整个家族的命运，最后甚至会改变一个村子的面貌。这样的人多了，社会也会变得越来越好。"

自强之愿，莫于兴学，十年树木，百年树人。过去4年，这群长江公益人在助学路上漫漫求索，他们资助的不仅仅是一个个学生，更是中华民族未来的脊梁！

"无公益，不长江，善其身，济天下。"这是谢美华等人的信念，更是长江人的信念！

对话谢美华、张宏武

Q：您当时做助学公益项目的初衷是什么？

谢美华：我们的初衷主要有三点：其一希望让更多优秀的贫困大学生成长成才；其二希望能够联络长江校友感情，大家因为公益常常相聚，加深友情；其三希望我们做的公益能够成为长江的一张名片，给长江增光添彩。

Q：您认为长江励志助学公益项目的探索实践，带给当下中国助学类公益最重要的启示是什么？

谢美华：谈不上启示，我们自己还在摸索中，向其他做得好的助学项目学习。我觉得我们能一点一滴把这个项目做下去，完成我曾经说的能持续十年的愿望就很好了，如果等我退下的时候，有人来接我的班，那就更好了。

Q：如果让您给被资助的学生一些人生建议，您会说什么？

张宏武：首先我希望孩子们能够勇敢地做自己，不要因为自己是农村来的，或者被资助的人就感到自卑渺小，每个人身上都有着无限的可能，去充分发掘自己身上的优点，让它成为你日后的闪光点。

其次不要被学校或者社会上不好的氛围所影响，对自己有要求、有规划，多和正能量的人在一起，守得住初心，树立正确的价值观，为以后的发展奠定良好的基础。

最后希望同学多跟导师联系，我一直都认为，对于长江励志助学项目的学生来说，他们最大的财富就这些导师。因为能到长江读书的人至少在自己的行业内都是做得不错的，他们有实战经验、有生活经验，酸甜苦辣都经历过，是最懂生活的一群人。孩子们能在他们身上学到的东西太多了，不要错过这个机会。

Q：对于长江励志助学公益项目以后的发展，您有怎样的期待？

张宏武：我期待我们能够更加透彻地落实“一对一”的帮扶机

制，希望导师们腾出更多的时间去关注孩子们的学习和生活，你的一句鼓励的话或者一个表情，都可能成为孩子们前进的动力；同时也希望孩子们能够把导师当作自己的长辈、朋友，有困惑或者困难的时候，能够第一时间想到自己的导师。我希望我们能够成为一个温暖向上的、如家庭一般的群体。

本文作者：张海悦

案例点评

在“长江励志助学公益”这个案例中，看到长江EMBA的导师张宏武、谢美华、王爱玲与他们所资助的学生熊浩新、杨景明、李安然的互动故事，十分感动。在曾经的服务希望工程的27年中，我就被无数的这样的故事时常感动着。

我一直认为，公益的最高境界，是人与人之间美好心灵的交融。人字的结构，是相互支撑。从公益的视角来看，这种支撑绝不仅仅是贫富之间物质的捐助，更应是平等主体之间精神的互助。

而要达到这种境界，在设计一个公益产品（项目）时，就要考虑如何延长这个产品的公益价值链，也就是我们所提供的公益产品和服务，要尽可能广泛、深入和持久地满足受益人实现积极改变的系列需求。价值链若短，捐受双方可能就是萍水相逢，就此别过；价值链若长，则事久见人心，捐受双方才能互叩心扉，在精神的层面彼此互动、互助。

“长江励志助学公益”呈现的这个案例，正是体现了这样的公益逻辑：延长价值链——采取一对一的方式，让导师和受助学生结成对子，在捐款资助学习生活费用的同时，跟踪陪伴，共同成长。案例中的李安然同学因为王爱玲导师的资助，顺利开始了大学生活。王爱玲导师十多岁时就与家人一起干苦力活、艰苦创业的故事，深深激励着李安然。2018年暑假，李安然作为志愿者来到青海省的贫困山村支教，得到当地老师、学生与家长们的拥戴，还获得了学生们赠送的一个藏族名字——文成卓玛。从李安然的这些成长中，王爱玲导师收获到了什么？收获到了另一颗美丽的心灵！

“无公益，不长江。”作为一位长江新学员，我已深刻理解这句话的分量，并将努力践行。

涂猛（原中国青少年发展基金会副理事长兼秘书长，中国篮球协会秘书长）